JN437549

매력적인 교회

The Provocative Church

Originally Published by Society for Promoting Christian Knowledge

매력적인 교회

The Provocative Church

그레이엄 톰린 지음 / 주상지 옮김

서로사랑

매력적인 교회

1판 1쇄 발행 _2008년 11월 26일
1판 2쇄 발행 _2009년 2월 18일

지은이 _그레이엄 톰린
옮긴이 _주상지

지은이 _이상준

펴낸곳 _서로사랑(알파코리아 출판 사역기관)

편집 _김지홍, 이소연, 박미선, 김세영
영업 _설익환, 장완철
이메일 _publication@alphakorea.org

사역/행정 _이정자, 윤종화, 주민순, 권주희, 엄지일
이메일 _sarang@alphakorea.org

등록번호 _제21-657-1
등록일자 _1994년 10월 31일

주소 _서울시 서초구 방배1동 918-3 완원빌딩 1층
전화 _(02)586-9211~4 팩스 _(02)586-9215
홈페이지 _www.alphakorea.org

ISBN _978-89-8471-214-0 03230

차례

서문

지금까지 전도와 신학은 조화로운 관계를 유지해오지 못했다. 실용적인 것을 추구하는 전도자들은 신학에는 특별한 관심이 없어서 사람들이 회심하기만 하면 전도를 어떻게, 혹은 왜 하느냐는 큰 문제가 되지 않는다고 생각한다. 반면 신학자들은 전도를 자신의 우선 순위에서 저 아래로 밀어둔다. 하지만 감사하게도 이러한 경향에 변화의 조짐이 일어나고 있다. 전도에 열정적이면서도 전도의 필요성을 절감하고 있는 그리스도인들을 나는 계속해서 만난다. 이들은 전도가 책임있게 이루어지고 열매를 맺고 번성하려면 견고한 신학적 토대를 필요로 한다는 사실을 깨닫고 있다.

이 책은 바로 그러한 기반을 구축하기 위한 것으로, 신학과 실천, 교리와 경험을 한데 융합시키려고 애쓴 노력의 산물이다.

언젠가 마틴 루터는 교회가 “예수님처럼 난도질 당하고, 상처투성이고, 멸시 당하고, 십자가에 못 박히고, 조롱 당하지만, 하나님이 보시기엔 순결하고, 거룩하고, 흠 없는 비둘기다”라고 썼다. 그의 말은 오늘날에도 여전히 유용하다. 서구 교회의 사망에 대한 진단이 여러 번 이루어졌고, 매주 새로운 통계는 교회의 임박한 죽음을 예고한다. 그럼에도 불구하고 교회는 생존해 있다. 아마도 이것은 하나님이 교회를 사랑하시기 때문일 것이다. 하나님이 교회를 사랑하신다면 그리스도인들 역시 교회를 사랑해야 한다. 이 책에는 과거 교회의 잘못된 운영 방법에 대한 비판도 있지만 그것은 어디까지나 사랑과 애정에서 나온 것임을 밝힌다.

어떤 의미에서 본서는 40년 동안 쓰여졌다고 볼 수 있다. 마치 어린 아이가 교회에서 자라서 성인이 되고, 평신도로 예배에 참여하다가 마침내 영국 교회의 목사가 되는 것과 같이, 오랜 교회 생활의 경험을 통해 체득되고 습득된 결과를 담고 있기 때문이다. 수 십 년 동안 나는 수 백 번의 예배를 드렸고, 적어도 일곱 개의 교회에서 사역했고, 또한 선교와 설교 사역 및 교회 리더십 분야의 친구들을 통해 더 많은 교회를 알게 되었다. 이 책에 소개된 교회와 지금 언급한 이런 교회들 사이의 유사점은 마치 우연의 일치인 것처럼 느껴지기도 한다.

나는 내가 속해 있던 교회의 그리스도인들로부터 내가 배울 수 있는 것보다 훨씬 더 많은 것을 얻고 배웠다. 교회는 어떤 사람에게는 좌절감을 느끼게 하지만, 귀중하고 멋진 곳이다. 교회는 나에게 진주조개를 상기시킨다. 겉은 많은 주름과 딱딱한 껍질로 덮여 있어 아름답지 않지만 그 안에는 엄청나게 비싼 진주–예수님–를 품고 있기 때문이다.

이 책에 수록된 수많은 아이디어들은 내 경험의 산물이어서 약간의 설명이 독자의 이해를 돕는데 도움이 될 것이다. 나는 침례교인으로 성장했지만 지금은 영국성공회 교인이어서, 내 사고의 중심을 이루는 도시와 교외의 영국성공회 교회들에 관한 내용을 담았다. 하지만 다른 교회나 다른 상황에 있는 분들께도 이 책의 내용이 다소나마 유용한 것이 되길 소망한다. 나로서는 모든 교회가 반드시 이렇게 해야 한다는 청사진을 내밀기보다는 오히려 교회가 심사숙고할 필요가 있는 것들을 지적함으로써 각각의 교회가 그들의 위치에서 원하는 바를 성취할 수 있기를 바랄 뿐이다.

본서의 서문을 작성하는 일은 흡사 결혼식–제한된 시간에 감사할 사람들이 너무 많은–에서 주례사를 하는 것과도 같다. 앨리슨 바(Alison Barr)와 SPCK의 편집부장과 출판팀은 내 컴퓨터에서 시작해 이 책이 독자의 손에 들어갈 때까지 엄청난 작업을 했다. 아이디어들은 옥스포드 대학교의 위클리프 홀에서 가르쳤던 수업을 통해 만들어졌다. 아이디어를 다듬고, 틀린 부분을 정정하며, 나에게 새로운 전망을 갖도록 도전해 주고, 마침내 그 내용을 글로 쓸 수 있도록 힘을 실어준 모든 학생들에게 깊은 감사를 전한다. 위클리프에는 동료이자 친구인 위대한 스태프 팀, 그리고 예수님, 영국 교회 및 전도에 대한 열정으로 나를 늘 겸허하게 만드는 학생들이 있다. 특별히 지오프 모간(Geoff Maughan), 앤드루 고다드(Andres Goddard), 그리고 이러한 주제로 열띤 토의를 가능케 해 준 피터 워커(Peter Walker)와 마이클 그린(Michael Green), 또한 격려와 비판과 질문을 통해 도움을 준 학생들에게 감사의 마음을 전하고 싶다. 몇몇 친구들이 원고의 여러 부분을 읽었으며 어떤 이들은 책 전체를 읽었다(정말 희생적인 배려다!). 비평을 해 준 사이먼 페더스톤(Simon Featherstone), 필 리치(Phil Ritchie), 앤디 버클러(Andy Buckler), 크리스 스미스(Chris Smith)와 사이먼 다운햄(Simon Downham)에게도 깊은 감사를 드린다. 이들이 책의 모든 내용에 다 동의하는 것은 아닐지라도, 또한 그것에 대해 책임을 질 필요도 없겠지만, 이들은 나에게 정말 좋은 친구들이며, 현명한 카운슬러가 되어준 것에 고마움을 표한다. 전문적인 도움과 연구 과제(Study Guide) 작성에 기여한 필 리치에게 특별한 감사의 말씀을 전한다. 마지막으로, 더불어 사는 일과 하나님이 주신 인생을 누리는 것에 대해 많은 가르침을 준 아내 자넷(Janet)와 두 자녀 샘(Sam)과 시언(Sian)에게 영원토록 감사의 마음을 전한다.

처음으로 나를 예수 그리스도와 그의 제자들에게 소개해주신 두 분께 이 책을 헌납한다. 나는 그분들께 말로 표현할 수 없는 큰 은혜를 입었다

매력적인 교회 The Provocative Church

열매 맺는 전도와 열매 없는 전도

1장
열매 맺는 전도와 열매 없는 전도

존 다이아몬드(John Diamond)는 〈런던 타임스〉의 저널리스트였다. 2001년 3월 암으로 사망했지만, 암과의 투쟁에 대한 일련의 통찰력 있고 정직한 기사 때문에 영국에서 유명해졌다. 그의 책 〈겁쟁이들이 암에 걸린다〉(C: Because Cowards Get Cancer too)와 함께 그의 기사들은 많은 사람들에게 죽음에 대한 새로운 이해를 제공해 주었다. 죽기 두 달 전, 자신의 기사를 읽고 이메일로 영적 답변을 보내온 많은 그리스도인들에게 그는 아주 정중한 어조로 다음과 같은 글을 남겼다.

> 전도자들과 내가 함께 시작할 수 있는 공통의 영역이 없다. 그들은 마치 내가 이전에는 자신들의 영적 상품과 마주친 적이 없는 것처럼 이야기한다… 47년간 기독교 국가에 살면서 구원자로서의 그리스도라는 개념을 우연이라도 들어본 적이 없는 것처럼 말한다… 그들은 스스로 믿지 못하는 것을 억지로 믿게 만들 수는 없다는 사실을 이해하지 못한다. 그것은 불가지론자들이 '나도 믿을 수만 있다면'이라고 말하는 것과 같은 것이며, 나 또한 그렇게 중얼대곤 하였다. 하지만 나는 그 말이 진실이 아님을 발견하였다. 나는 믿지 않고도 행복하며, 이 점이 바로 전도자들이 이해하지 못하는 부분이다.[1)]

그의 글은 심사숙고할만한 가치가 있다. 그리스도인들은 '교회 밖' 사람들이 교회가 선포하는 것에 귀를 기울이길 갈망한다. 그래서 이들은 유일한 문제는 얼마나 더 크고 더 명확하게 선포하는 법을 배우느냐 하는 것이라고 생각한다. 하지만 지난 몇 십 년간 많은 사람들은 정확히 존 다이아몬드와 같은 생각을 한다는 조사 결과가 발표되었다. 그들은 기독교를 적대시하지 않거나 혹은 기독교에 대해 무지하지 않고, 종종 영적 질문에 관심이 있으며, 죽음과 인생의 의미와 같은 심각한 문제들에 직면할 준비가 되어 있다. 그런데 그들에게 있어 교회는 그러한 해답을 찾기 위한 곳이 아니라는 것이다. 저널리스트 폴 밸릴리(Paul Vallely)

는 "오늘날 대부분의 사람들에게 교회는 더 이상 가치 있는 것을 말해주지 못하는 곳" 이라고 안타까운 심정을 토로한다.

대부분의 교회들은 느리지만 확실하게, 이런 방향을 바꾸려고 애쓰고 있으며, 많은 교회들이 교회 밖 사람들을 위한 전도 방법을 모색하고 있다. 알파(Alpha), 엠마오(Emmaus), 기독교의 발견(Christianity Explored) 및 다른 '전도 코스' 들은 그러한 사람들을 인도할 수 있는 탁월한 도구로 입증되었다. 여기서 그들이란 교회 주변에서 기독교에 대해 더 많은 것을 알기 원하는 사람들이다. 그러나 존 다이아몬드처럼 '믿지 않고도 행복한' 사람들은 어떻게 할 것인가? 더 알고 싶은 관심조차 없는 사람들은? 알파코스에 초대를 받고도 오려고 하지 않는 사람들은? 믿지 않는 것이 아니라 믿기를 원치 않는다고 주장하는 사람들은? 어떻게 하면 그들에게 교회가 경청할만한 값진 내용을 가지고 있다는 생각을 불러일으킬 수 있을까?

지금까지로 보면 전망이 어두운 듯하다. 하지만 하나님은 살아 역사하신다. 하나님은 아직도 서구의 교회들에 대해, 또 성장일로에 있는 동남아시아나 남미지역의 교회에 이르기까지 결코 포기하지 않으신다. 우리의 교회 가운데 연약함을 드러내는 교회들이 많음에도 불구하고, 대중매체나 언론계 및 정치계를 통해 오늘날에도 여전히 사람들은 그리스도인이 되어가고 있다는 사실을 접하게 된다. 이러한 현상을 가장 잘 알 수 있는 방법은 사람들의 간증을 들을 때이다. 또 다른 이야기가 밝은 앞날을 전망하는 데 도움을 줄 것이다.

그리스도의 발견

데릭 드레이퍼(Derek Draper)는 한때 성공적인 정치 로비스트였고, 이 후 런던에서 노동 정부를 위한 막후 활동을 했다. 1990년대 중반 정치적인 부패 스캔들이 폭로되자 한바탕 곤봉을 휘두르기도 했고, 코카인과 환각물질을 복용하며 우울 증세를 보이다가 급기야 정치에서 물러나고 말았다. 치료사들은 그가 생활의 균형을 회복하기 위해서는 일종의 '영적 능력' 이 필요하다고 말했다. 그리하여 그는 요가, 뉴에이지 및 불교를 찾았지만 계속해서 채워지지 않는 무엇인가를 느꼈다. 엄숙과 자유로움이 매력적으로 조화를 이룬 영국성공회 소속 지역 교회의 초청을 받은데 이어 웨스트민스터 사원을 방문했을 때, 그는 강력한 힘을 경험하게 되었다. 당시 자신이 받은 영향력을 그는 다음과 같이 말한다.

> 나는 예수 그리스도와 그의 생애, 그리고 가르침을 발견해 가며 아직도 예배 의식에 대해 배우고 있다. 성경, 특히 구약의

사건들과, 조직화된 교회의 과거와 현재의 기록을 읽으면서 갈등이 일어남을 부인할 수 없다. 하지만 내가 알고 있는 것은 그렇게 문제가 되지 않는다. 내가 아는 기독교의 핵심은 복음서에 기록된 대로 지혜로운 예수의 말씀에 대한 믿음이다. 나는 90년대 중반에 추구했던 여러 가지(일, 돈, 음주, 마약, 섹스, 권력)을 회상해 본다. 나는 참을성이 없었고 관대하지도 않았다. 이제 나는 다른 사람들에게 관심을 갖고 생각하며 행동하려고 한다. 많은 사람들에게는 지겨운 관념일지도 모르지만, 성경이 말하는 대로 "하나님은 사랑이시다"라고 표현하는 것 외엔 다른 길이 없다. 이 순간 내가 만나는 모든 사람들을 무조건적으로 인내하며 친절하게 사랑해야 한다고 다짐한다.[2)]

여기에는 몇 가지 흥미로운 사실이 있다. 첫째, 데릭 드레이퍼는 위기의 순간에 영적 추구의 길로 인도를 받았다는 사실이다. 보통 우울증과 약물은 절묘하게 결합되어 사람들을 절망의 늪으로 빠뜨리기 일쑤이다. 성공적인 정치 경력을 쌓아가고 있었을 때, 아드레날린과 마약, 권력에 취한 그에게 기독교가 안중에 있었을 리 만무였다. 당장 그것을 멈추게 하고 그로 하여금 다시 생각하도록 만드는 데에는 무엇인가가 필요했다. 홍보와 정치를 '먼 나라'로, 또 복구 클리닉을 '돼지우리'로 바꾸면 이것은 정확하게 '탕자의 이야기'가 된다. 이 이야기 뒤에는 잘 다져진 길–절망을 통한 발견, 비열함에서 구원으로–이 따라올 것이다.

풍요로움과, 재정적 안정, 가족 및 친구들과의 즐거움 속에서도 위기는 여전히 사람들의 삶에 일격을 가하곤 한다. 왜 인간이 존재하며, 인생의 의미가 무엇이고, 어떻게 살아야 하는가에 대한 질문은 사라지지 않는다. 비록 그리스도인들의 대답이 과거의 것보다 어딘지 모르게 덜 진실되어 보인다 할지라도 말이다.

암이란 위기의 순간이기는 하지만 존 다이아몬드가 우리에게 가르치듯이, 위기 그 자체가 필연적으로 누군가를 하나님께로 인도하지는 않는다. 문제는 그리스도인들이 그러한 위기를 극복할 무엇인가를 제공할 수 있는가와 어떻게 제공할 것인가 하는 것이다. 즉 불안에 떠는 사람들에게 평안을 제공하며, 그리스도인들이 선호하는 질문과 대답보다는 그들의 질문에 대답함으로써 가능할 것이다. 이것은 우리를 두 번째 문제로 인도하는데, 그것은 교회, 즉 호기심을 자아내는 '매력적인' 교회를 통해 일어날 수 있다.

요즈음엔 사람들이 교회에 자주 가지 않는 경향이 있다고 말한다. 그것이 사실일지도 모른다. 사람들은 과거처럼 그렇게 교회에 잘 가지 않는다. 그러나 데릭 드레이퍼의 경우에 있어서 핵심적인 질문은 그가 교회에 갔을 때 무엇을 발견하는가이다. 그러한 단계에서 기독교에 대한 그의 관심은 요가나 불교, 고대 일본의 치유에 대한 관심과 동일한 것이다. 다시 말하면, 오늘날 영적 추구를 하는 자라면 누구나 당연히 그렇게 하는 일상적인 일

가운데 하나라는 것이다. 다른 많은 사람들과 같이 그는 여러 풀장의 물에 발가락을 담그고는 아주 자연스럽게 자신이 올바르다고 느껴지는 쪽으로 이끌림을 받았다는 것이다.

수년 전, 나는 다른 두 교회 기관의 학생들을 위한 '스터디 데이' (Study Day)를 조직하는 힘든 일을 맡았는데, 그것은 신학적 투쟁으로 끝나지 않았다. 나는 그들을 길거리로 내보내 평범한 사람들에게 교회에 대한 인상을 묻는 설문지를 작성하도록 했다. 우리 모두를 깜짝 놀라게 했던 설문결과는 응답자 가운데 지난 한 해 동안 교회를 방문했던 사람들이 상당수였다는 것이다. 침례의식이나 장례식 혹은 결혼식에 친구의 초청으로 잠깐 들러서 평안과 고요함을 누리거나 혹은 그 효과를 시험해 본 사람들이 아주 많았다는 사실에 우리는 놀라움을 금치 못했다. 하지만 그들은 그러한 경험을 한 후 그대로 돌아가 버렸다. 그곳에는 다시 교회로 돌아오고 싶은 마음을 불러일으킬 아무 것도 없었던 것이다. 그러나 데릭 드레이퍼의 교회는 달랐다. 이제 그의 마음을 붙잡은 것이 무엇이었는지 들어보자.

> 그 주일, 나는 13세 이후 처음으로 예배당에 들어갔다. 그곳에서 뜻밖에도 나에게 딱 맞는 교회를 만났다 …빛나는 예복, 향내, 아름다운 성가대 등은 격식 없이 한데 어우러져 있었고, 이에 걸맞게 두 명의 강단 소년들은 예복 아래에 알록달록한 색

깔이 보이는 캐주얼 운동화를 신고 계단을 올라갔다. 그 첫째 주일, 목사는 하나님을 경외하라는 주제로 정말 재미있는 예화와 멋진 조화를 이루는 설교를 했다.

중요한 것은 예배의 형식이 아니다. 예식을 그다지 강조하지 않는 교회에 대해서도 이와 유사한 이야기들이 많이 있다. 핵심은 드레이퍼가 교회에 모인 교인들로부터 진실하고 뚜렷이 구별된 어떤 것, 즉 '매력적인' 어떤 것을 느낄 수 있었다는 점이다. 만약 그가 우리 교회를 방문했더라면 다시 오고 싶은 마음이 생겼을까 하는 질문을 스스로 하게 된다.

셋째, 나의 관심을 끈 것은 그가 예수님께 끌리게 된 이유를 설명할 때 사용한 단어이다. 그가 예수님께 매력을 느낀 것은 예수님의 가르침에 담긴 실제적인 지혜였다. 교회는 그가 "어디에서 나의 죄를 용서받을 수 있습니까?" 혹은 "이것은 논리적으로 일관된 것입니까?" 등과 같은 다수의 중요한 신학적 질문으로 무장하고 오기를 바랐을지 모르나 그의 질문은 교리적으로 그다지 구체화된 것이 아니었다.

그는 천국에서의 보장된 자리나 죄의 용서보다는 오히려 더 실제적이고 구체적인 삶의 양식을 추구하고 있었다. 그것은 다른 어떤 곳에서도 발견하지 못했던 훨씬 더 우수하고, 더 풍성하며, 더 만족스럽게 보이는, 사랑으로 가득 찬 삶의 양식을 배우려는 기대감이었다. 문제는 신앙에 대한 사고나 신학적인 내용이 아니라 생활 방식으로서의 기독교였다. 기독교의 교리와 성경은 객관적으로 '진실'하게 보이기 때문이 아니라, 더 건강하고 더 원숙한 존재의 기초가 되기 때문에 가치 있는 것이다. 진리, 성경 및 성육신된 말씀의 계시에 대해 의심하는 포스트모던 시대를 이해한다면, 이러한 사실이 우리를 놀라게 만들지는 않을 것이다. 그는 영적 만족을 주며, 실생활에 영향을 미치는 어떤 것을 찾고 있었던 것이다.

더글라스 쿠프랜드(Douglas Coupland)는 통찰력 있는 저자이다. 그는 1980년대의 아이들을 묘사하는 'X 세대'란 신조어를 만들었다. X 세대는 풍요와 냉담의 세상에 태어나 어느 것에도 전념하지 못하고 편히 드러누워서 빈정대기를 일삼는 사람들이다. 자신의 책 〈하나님을 추구하는 삶〉(Life after God)에서 그는 이 세대가 하나님에 대해 완전히 무지한 상태로 성장한 첫 번째 세대이며, 이들의 부모들은 자라면서 기독교의 기본 진리에 대해서는 가르침을 받았지만 성인이 되어 그것을 거부했다고 피력한다. 하지만 이들의 자녀들에게서는 하나님을 찾는 움직임이 나타나고 있다고 한다. 이 책의 마지막에서 이야기의 주인공은 뭐라고 말할 수는 없는 무엇인가를 추구하며 깊은 광야를 홀로 방황하면서 마음속의 열망을 다음과 같이 표현한다.

> 자, 여기에 나의 비밀이 있다. 나는 마음의 문을 활짝 열고, 내가 다시 그것을 이룰 수 있을까 의심하면서, 당신에게 이 이야기를 하고 싶다. 나는 당신이 조용한 방에서 이 말을 들어주길 부탁한다. 나의 비밀은 내가 하나님을 필요로 한다는 것이다. 나는 아프고, 나 혼자서는 그것을 해결할 수 없다. 내게는 남에게 무엇인가를 줄 능력이 없기 때문에 하나님이 내가 그렇게 되도록 도와주시길 바란다. 나 스스로는 친절을 베풀 수 없기 때문에 나에게는 하나님의 도우심이 필요하다. 사랑과는 거리가 먼 나를 하나님께서 사랑할 수 있는 자가 되게 도와주시길 소원한다.[3)]

지난 수년 동안 나는 그리스도인 설교자들과 변증론자들이 가끔 이 고백을 인용하는 것을 들었다. 그것은 하나님이 절대적으로 필요하다는 포스트모던 시대의 진정한 토로가 아니겠는가! 하지만 가장 중요한 것은, 그가 하나님을 필요로 한다는 것이기보다는 그가 하나님의 필요성을 표현한 방식이다. 데릭 드레이퍼처럼 그는 자신을 용서하고, 진리를 가르쳐주거나 우주의 기원에 대한 호기심을 충족시켜주시는 하나님을 필요로 하지 않는다. 대신 그는 베풀고, 친절하며, 사랑할 수 있는 법을 배우도록 도움을 줄 무엇인가를 혹은 누군가를 필요로 한다. 이제 그리스도인은 베푸시며, 친절하시고, 한없는 열정으로 우리를 사랑하시는 하나님이 계시다는 것을 먼저 깨달음으로써 이러한 삶을 살 수 있다고 말하고 싶을 것이다. 기독교 교리와 기독교 윤리는 결코 분리시킬 수가 없다. 하지만 질문을 요약하면, 그는 인간이 번영을 누리는 데 필요한 이런 도덕적 품성을 배우고 싶어하며 그것을 배울 수 있는 장소를 찾고 있었던 것이다.

이 세 가지 교훈을 종합해 보면 앞으로 나아갈 방향이 잡히는 듯하다. 질문은 여전히 우리 앞에 존재한다. 그리고 그 질문들은 교회 생활의 질은 전도에 가장 중요한 영향을 미친다는 것, 그리고 그리스도인의 신앙이 완전히 다른 주제를 가지고, 구별된 삶의 양식을 사람들에게 제공할 수 있다면 그 신앙은 많은 사람들에게 큰 호소력을 발휘할 수 있을 것이다. 하지만 우리는 너무나 자주 그렇게 되지 않는 현실을 자백하고 인정하지 않을 수 없다.

교회와 영적 추구

세속화의 물결이 사회 전반에 엄습한다는 모든 예언에도 불구하고, 오늘날 영성과 영적 추구에 대한 관심은 감소하지 않고 오히려 증대된다는 이야기가 종교계와 일반에서 공공연히 오가고 있다. 불교, 요가, 명상, 풍수 및 뉴에이지 치료법이 별안간 높이 평가되고, 기독교의 대안으로 서서히 들어오고 있다. 번화한 거리에 있는 서점의 종교와 영성 코너에는 도교나 유교의 영적 가르침 혹은 달라이 라마의 지혜서와 같은 제목의 책들이 최근에 출판된 기독교 신학서보다 훨씬 더 많다. 최근의 영적 추구 경향이 기독교로의 복귀를 의미하는 것은 아니라는 세속주의자들의 말이 옳다. 사실 교회는 그러한 책을 읽는 사람들이 진실로 '영적' 인 것을 찾으려는 곳이 결코 아닐 것이다. 뉴에이지 운동과 그 믿음체계에 깊이 빠진 사람들 중 약 3분의 2는 한때 교회를 고려해 보았으나, 교회는 그들에게 제공할만한 것을 전혀 가지지 못했다는 사실을 발견했다고 한다.[4] 기독교는 지나간 구세대의 잔여물이지 다가올 세대의 것은 아닌 것처럼 보인다는 것이다.

이같은 영성으로의 대규모적 전환이 일어난다면 기독교는 이러한 전환에서 왜 충분한 역할을 수행하지 못할까? 크게 두 가지 이유가 제시될 수 있다. 첫째, 기독교 신학에는 포스트모던과 뉴에이지의 관심사에 직접적으로 반대하는 그 무엇이 있다는 것이다. 그리스도인들은 진리가 존재하며 그 진리는 발견될 수 있는 것이라고 확신한다. 객관적으로 옳거나 그른 행동이 있다고 믿는다. 게다가, 기독교 신앙은 예수는 유일한 만물의 창조주라고 늘 선언해 왔다. 이것은 대부분의 포스트모던 사람들이 몹시 싫어하는 주장이다.

더 중요한 것은 두 번째 이유인데, 니겔 맥클루흐(Nigel MacCulloch) 주교의 말에서 표현되었다. "교회가 직면해야 하는 문제는… 사람들이 하나님을 믿지 않는다기보다 오히려 그들이 믿을 수 있는 교회를 발견하지 못한다는 점이다."[5] 포스트모던 세대가 찾고 있는 그 무엇인가 부족한 것을 교회에서도 얻을 수 없다는 것이다. 피상적인 이미지에 의해 지배되는 포스트모던 문화에 대해 종종 이야기하는 장 보드리아드(Jean Baudrillard)는 이러한 예언적인 글을 썼다. "포스트모던 시대 사람들이 진짜를 찾으려고 울부짖어도 어느 사회도 그 해결 방법을 알지 못하는 실정이다."[6] 심오함의 부족, 실제성의 결여에 대한 인식이 이 문화 속에 너무도 심각하게 스며들었기 때문에 아무도 무엇이 진짜이고 무엇이 가짜인지를 더 이상 알지 못한다. 보드리아드는 진실에 대한 이러한 향수가 포스트모던 세계의 중요한 특징 중 하나라고 지적한다.

포스트모던 문화에 대한 탁월한 논평자인 그레이엄 크레이(Graham Cray)는 기독교 복음이 소개된 후 한 학생이 다음과 같이 비평하였다고 말한다. "기독교의 복음은 현실적인 것이 아닙니다. 기독교의 복음은 진실한 것 같이 보이지만 현실적이지는 않습니다."

〈포로된 나라〉(Captive State)의 저자이며 세계화 반대 운동의 핵심 인물인 조지 몬비오트(George Monbiot)는 스스로를 '종교적이지 않은 사람'으로 묘사한다. 그럼에도 그는 자신이 교회를 떠난 이유를 말할 때 많은 사람들을 대변하고 있는 것 같다.

> 나는 전통적인 중류층의 영국 성공회 가정에서 양육을 받았다. 내가 그러한 출신 배경을 가졌다는 것은 실제로 형식은 다분히 갖추었음에도 불구하고 기능은 거의 발휘하지 못하는, 교인들이 믿는 시늉만 내는 교회에 다녔다는 뜻이다. 즉, 교인들은 주일 아침에 교회에 가서 예배는 드리지만 일상생활에선 공언한 믿음대로 살지 않는다. 그것은 버리기가 아주 쉬운 기풍이다. 왜냐하면 그것은 전혀 진짜 정신이 아니기 때문이다… 중요한 것은 교회가 공언하는 것 이상으로 훨씬 더 실행하는 것이다… 교회는 스스로 선포하는 위대한 것들을 행동으로 옮겨야만 한다.[7)]

보드리아드, 그 익명의 학생 및 조지 몬비오트의 말을 종합한 뒤, 우리는 교회가 왜 매력이 없는가에 대한 또 다른 단서를 발견한다. 그것은 진리의 부족(교회에는 진리를 주장하고 실증하기까지 하는 많은 단어들이 있다)이라기보다는 오히려 공표된 말과 그 말의 결과로 나타난 삶의 양식 사이에 연결점이 없다는 것, 환언해서 말하면, 말과 이미지와 현실 사이에 진실성, 깊이 그리고 상관관계가 부족하다는 뜻이다.

솔직히 말해 교회 출석은 사람들의 삶에 큰 변화를 일으키지 않는 것처럼 보인다. 교회에 다니고 스스로 그리스도인이라고 한다고 해서 일상생활의 방식, 즉 돈을 쓰고 시간을 사용하는 방식은 다르지 않다는 것이다. 그래서 나의 불신자 친구들은 더 이상 기독교에 대해 관심을 표명하지 않는다.

이 책의 주요 주제 중 하나는, 교회나 혹은 그리스도인 신앙에 무엇인가 호기심을 불러일으키고, 도전적이며 매력적인 것이 없다면, 모든 전도의 노력은 소 귀에 경 읽는 식이 된다는 것이다. 교회가 실제적인 개념을 전달하지 못한다면, 우리의 모든 '진리'는 쓸데없는 것으로 전락하고 말 것이다. 누군가가 듣기를 원하지 않는다면 더 크게 소리쳐도 소용이 없다. 교회는 구도자나 우연히 들른 방문자가 다시 오고 싶다는 생각을 불러일으킬 만큼 도전적이고 매력적인 장소가 될 필요가 있다.

이것은 마치 수요와 공급에 관한 실용적인 목적을 이야기하는 듯하지만, 중요한 신학적 측면도 있다. 간단히 말하면, 기독교의 하나님은 그분을 간절히 찾는 사람들에게만 발견되는 분이시다. 그 점은 17세기의 위대한 기독교 변증학자 파스칼의 말에서 가장 잘 설명된다.

철학자의 하나님과 예수 그리스도의 하나님

파스칼은 40세 생일을 맞기 전 이 세상을 떠났다. 고뇌에 찼고, 병마에 시달리며, 고독했던 그는 그 당시의 최첨단 과학 실험을 통해 그의 시대에 지적 동요가 일어나고 있다는 것을 강렬하게 느낄 수 있었다. 1654년 11월 어느 날 밤, 그는 하나님과의 깊은 만남을 체험함으로써 이전의 소원하고 메말랐던 신앙은 선교와 헌신의 불이 붙는 차원으로 방향을 돌리게 되었다. 8년 후, 기독교에 대한 장중한 사과의 글들을 남겨둔 채 그는 스스로 택한 가난 속에서 죽음을 맞이했다. 그 원고들을 차례로 모아서 그의 친구들이 출판한 책이 그 유명한 〈팡세: 신앙과 다른 다양한 주제들에 관한 사상들〉이다.

이 책에는 간단하게 두 가지 요점이 반복해서 강조된다. 첫째, 근본적으로 인간은 죄인이기 때문에 자신이 믿고 싶은 것을 믿는 경향이 있다고 파스칼은 지적한다. 어떤 것이 진리가 되는 것을 원치 않으면 그것이 왜 그렇지 않는가에 대한 이유를 그럴 듯하게 대는 데 선수가 된다는 것이다. 둘째, 그는 기독교의 하나님은 금방 입증되고 알려진 뒤에 무시당하는 존재가 되어 비난받는 논쟁의 끝에 계시지 않는다고 주장한다. 하나님은 굉장히 열정적인 분이시다. 하나님은 사람들과 관계를 수립하면 "그들의 영혼 깊은 곳에서 그들과 하나가 되시며… 그들을 하나님 외엔 어떤 다른 목적을 가질 수 없게 만드신다."[8] 이같이 하나님과 친밀한 개인적 만남을 가지지 못하면 당신은 하나님과 전혀 무관한 사람이 될 것이다. 별 호기심도 없고, 이런 하나님을 진정으로 만나고 싶지 않은 사람들은 신학적인 게임만을 일삼을 뿐 결코 그분을 발견하지 못할 것이다. 하나님을 내면 깊이에서 갈망하며 그분을 절실하게 알기 원하는 자들만이 자신이 찾는 하나님을 만나게 될 것이다.

그래서 파스칼은 누군가에게 기독교의 입증 자료나 믿음의 증거 목록을 제시하는 것은 시간 낭비라고 여겼다. 기본적으로 믿고 싶지 않은 사람은 어마어마한 양의 증거물(혹은 증거 교재)로도 확신시킬 수 없다는 것이다. 상대가 확신한다고 하더라도 그가 믿게 된 대상은 기독교의 하나님이 아니라 파스칼이 말하는 '철학자들의 하나님' 일 것이다. 그렇다면, 다른 사람이 하나님을 믿도록 설득할 때 매우 중요한 요소는 증거를 보여주기보다는 상대방에게 하나님을 찾고자 하는 열망을 불러 일으켜주는 일일 것이다. 다른 말로 하면, 상대에게 기독교를 추천할 때 '기독교를 매력적인 것으로 나타내라, 훌륭한 사람들이 기독교가 진실이라고 바랄 수 있도록 만들라, 그 다음에 과연 기독교가 그러하다는 것을 가르쳐주라' [9]는 것이다. 기독교에 관한 주장들은 그것이 진실이기를 바라는 사람들은 믿게 할 수 있지만 기대하지 않는 사람들에겐 결코 확신시킬 수 없다.[10]

파스칼은 전도에 대해 우리가 갖고 있는 많은 가정들은 잘못된 지점에서부터 출발한다고 생각했다. 우리가 거쳐 온 많은 전도 훈련 코스들은 상당한 시간을 들여서 그리스도인들에게 "왜 하나님이 고난을 허용하시나요?' 혹은 "다른 종교들도 하나님께로 인도하지 않는가요?"와 같은 복잡하고도 변증학적인 질문들에 대해 대답할 준비가 되어 있어야 한다고 설득한다. 이러한 질문들은 특히 해답을 제시해야 하는 그리스도인들에게는 중요한 것들이다. 그러한 질문들은 우리의 불신자 친구들뿐만 아니라 때로는 우리 자신까지도 당황하게 만든다. 혹은 전도 훈련은 종종 봉투 뒤에 그려진 그림을 가지고 사람들에게 설명할 수 있는 인상적인 복음 제시(presentation) 학습에 초점을 맞춘다. 본래 이런 것들은 그 자체로 유용한 것이어서 그리스도인들이 자신의 신앙의 기초를 이해하며 때로는 믿음을 잘 설명하는 데 도움을 준다.

그러나 우리는 한 걸음 뒤로 물러나서 시작할 필요가 있다. 좀 더 크게 소리를 치거나 좀더 분명하게 설명하고자 하는 경우만을 이야기하는 것은 아니다. 그렇게 하는 것은 17세기는 몰라도 21세기엔 더 이상 효과가 없다. 파스칼의 초점은 우리가 설명하거나 확신시키는 단계에 도달하기 전에 사람들 속에 열망과 질문, 아울러 하나님을 더 발견하고 만나고 싶은 갈망이 생겨나야만 한다는 것이다. 위대한 성 어거스틴처럼 파스칼은 오직 하나님만이 사람들의 마음을 감동시키며 그를 향한 갈급함을 느끼게 만드신다는 사실을 깊이 깨달았다. 또한 파스칼은 하나님이 우리를 사용하셔서 사람들의 내면에 하나님을 찾고자 하는 열망을 불러일으킬 수 있다는 것을 알았다.

하나님을 향한 열망을 창조하라

이상 언급한 모든 것이 정말 사실이라면, 교회가 불신의 이웃에게 접근하는 첫 번째 단계는 '어떻게 기독교가 진리라고 그들을 설득시킬 수 있는가?' 가 아니라 '어떻게 하면 그들로 하여금 더 알고 싶은 마음을 불러일으킬까?' 이다. 여기엔 개인적 삶의 양식에 관한 질문들이 포함될 것이다. '나의 가치, 나의 가정과 행동이 불신자인 내 이웃과 친구들의 것과 어떻게 다른가? 그들을 더 많이 알기 원하며, 내가 가진 것을 원하도록 만들 묘책이 없을까?' 또한 교회 생활에 대한 솔직하고 정직한 질문들도 관련이 있다. '우리 교회는 찬양, 신앙 정서 및 설교를 즐기는 일종의 동호회 같은 클럽의 성질을 띠는가? 혹은, 우리의 교회 생활이나 예배에 외부인으로 하여금 우리가 가진 것을 정말 가지고 싶도록 만드는 특별한 어떤 것이 있는가?' 등. 복음에 합당한 생활 양식은 다른 사람들이 생각할 수 있도록 동기를 부여하는 요소가 될 것이다. 그러한 삶은 그 다른 점이 무엇인가를 발견하려는 희미하나마 한 가닥의 열망을 품게 할 수 있다. 하지만 이것은 혼자 할 수 있는 일이 아니다. 주변의 문화와 다른 생활 양식을 유지하는 것은 고독한 여정이다. 그것은 그러한 삶의 양식에 헌신하는 다른 몇 사람들의 강한 후원과 격려가 없이는 오랫동안 지속될 수 없다. 데릭 드레이퍼의 이야기는 교회가 독특한 지혜로 살아가며 그 지혜를 실천할 때, 하나님은 그 열망을 창조하기 위해 설교와 같은 작은 도구도 사용하실 수 있음을 가르쳐준다. 설교는 사람들이 두려움을 극복하도록 돕는 일을 한다.

다시 말하면, 하나님의 방식으로 살면서 그 중심에 사랑, 겸손, 인자, 용서 및 정직을 생활화하는 사람들의 공동체는 다른 사람들로 하여금 무엇인가 생각하도록 만들 것이다. 달리 표현하자면, 하나님 나라의 가치를 따라서 사는 교회는 다른 사람들의 질문을 자극할 수밖에 없다는 것이다. 질문은 전도의 기회이다. 그 때가 바로 예수 그리스도의 복음을 설명할 수 있는 절호의 기회인 것이다.

하지만 이와 같이 우리가 '어떻게' 할 것인가의 단계로 서둘러 가기 전에 우리는 '왜' 라는 질문을 해 볼 필요가 있다. 왜 우리는 전도를 해야 하는가? 왜 냉랭한 포스트모던 사회에서 그리스도인들은 다른 사람들에게 그들이 믿는 바를 강하게 전함으로써 스스로를 인기 없게 만드는가? 조용히 있으면 훨씬 더 쉬울 것 아닌가? 중요한 질문들이다. 다음 장에선 기본적인 것으로 돌아가서 이에 대한 해답을 제시하고자 한다.

참조

1. 〈The Times Saturday Magazine〉, 6 January 2001.
2. 〈The Times〉, 21 February 2001.
3. Douglas Coupland 〈하나님을 추구하는 삶〉(Life after God)London: Simon & Schuster, 1994, p. 359.
4. Nigel McCulloch 〈선포하는 복음〉(A Gospel to Proclaim), London: Darton, Longman and Todd, 1992. 84.
5. McCulloch 〈Gospel〉, 46.
6. Jean Baudrillard 〈Simulacra and Simulations' in Modernism/Postmodernism〉, ed. Peter Brooker, London: Longman, 1992, 159.
7. George Monbiot 〈Third Way〉, August 2001, 22.
8. Blaise Pascal 〈Pencees〉(팡세), translated by Alban J. Krailsheimer, Penguin Classics, Harmondsworth: Penguin, 1966, 169.
9. Pascal 〈Pencees〉(팡세), 34.
10. 파스칼의 변증학에 대해 더 알고 싶다면, Graham Tomlin 〈십자가의 능력〉(The Power of the Cross), Carlisle: Paternoster, 1999, 207~55를 참조하라.

매력적인 교회 The Provocative Church

전도는 꼭 해야 하는 것인가?

2장
전도는 꼭 해야 하는 것인가?

솔직히 말해 오늘날 전도는 그다지 흥미로운 주제가 아니다. '전도자' 라는 말은 보통 검은 색 양복에 넥타이를 매고, 머리에는 반지르르한 기름을 바른 채 손에는 성경책을 들고, 화면 맨 아래에는 헌금을 위한 전화번호를 보이며 텔레비전에 출연하는 사람을 연상케 한다. 물론 내가 알고 있는 대부분의 전도자들은 전혀 이러한 풍자적인 모습을 띄지 않는다. 마치 브래드 피트(Brad Pitt 미국의 영화배우)가 영국 여왕과 아무 관계가 없는 것처럼. 하지만 문제는 있다. 좋든 싫든 전도자란 단어는 교회 밖(혹은 종종 안)의 대부분의 사람들에게 긍정적이기 보다는 부정적인 느낌을 주고, 그 이미지는 지금도 그대로 남아있다.

그렇다고 전도자들이 돈을 뺏으려고 숨은 계략으로 당신을 유혹하는 사기꾼처럼은 보이지 않을 것이다. 포스트모던 사회의 풍토병인 심각한 불안증은 진리를 가지고 있다고 생각하는 누군가를 향해, 특히 자신들의 진리로 당신을 설득하고 싶어 하는 사람들을 향해 더 깊게 느껴지게 마련이다. 냉담하고 냉소적인 포스트모던 사람들은 자신의 종교가 갖고 있는 브랜드 가치에 대해 쉴 새 없이 큰 소리로 떠들어대는 전도자들을 지겨워한다. 지금은 특정 브랜드의 종교가 여타 다른 브랜드의 종교보다 더 우월하다고는 생각하지 않는 때가 아닌가! 기본적으로 어떤 특정한 세계관을 온전히 받아들이지 않고, 그것과 자신 사이에 안전하면서도 일정한 거리를 두는 것이 시대를 크게 앞서 가는 태도라고 여긴다. 혹은 어쩔 수 없이 21세기의 잡다한 종교들 중에서 특정한 한 브랜드를 선택했다면 적어도 다른 사람들에게 그 신앙을 강요하려고 해서는 안되는 것으로 생각한다.

포스트모더니즘은 '전도자들에 대한 불신'[1]으로 정의될 수 있다. 확신과 자신감 그리고 궁극적인 의미에 있어서 진리라고 주장하는 대 명제를 가지고 복음을 선포하는 사람들은 포스트모던 시대의 사람들에겐 불신의 대상이다. 종교에 관한 한 일반의 문화는 명확한 메시지를 전달하고 있는 것처럼 보인다. 즉, 그것이 당신에게 좋은 것이라면 아무런 문제도 없다. 하지만 그것을 나에게 강요하지는 말라.

이러한 입장의 역사적 뿌리는 복잡하긴 하지만 전체적인 윤곽은 뚜렷하다. 16~17세기의 종교 전쟁 이후, 그리고 계몽운동의 기치 아래서, 유럽의 지성인들은 서구 사회 내에서의 초자연적이고 계시적인 종교의 역할과 필요성에 대해 의문을 제기했다. 이들은 종교가 존재해야 한다면 거룩한 계시나 기적적인 특징 및 이성을 초월한 진리와 같은 주장들을 버리고 사생아의 형태로 존재해야 한다고 생각했다. 오래지 않아 흄(Hume)은 자명(自明)한 하나님의 존재에 대해 의심했고, 루소(Roussear)는 책임이 아닌 권리에 바탕을 둔 사회를 논박하기에 이르렀다. 칸트(Kant)는 하나님이 원천이 아닌, 인간으로부터의 윤리를 제안했다. 계몽운동의 사상가들과 그 후계자들은 기독교의 모든 구별된 특성–예수 그리스도의 유일성, 성경의 권위와 영감을 포함–에 대해 맹렬하고 끈질기게 공격하여 역사적으로 성공을 거두었고, 갈릴리의 초라한 예수와 멀리 있는 하나님을 토대로 한 도덕적 코드의 재해석을 제기했다. 계몽운동은 엄격한 도덕주의(하나님의 명령이 있음에도 불구하고), 진리의 궁극적인 조정자로서의 인간의 이성, 그리고 중요한 어떤 것에 대한 설명으로서의 영적, 초자연적 존재의 엄격한 배제를 바탕으로 한 사회를 꿈꾸었던 것이다.

이러한 사상이 근대주의의 기초가 되었고, 그 후손인 포스트모더니즘은 계몽주의가 소중히 간직해 온 신념을 바탕으로 동일한 비평을 확장시킴으로써 그 부모의 발아래로부터 덮개를 끌어당긴 격이 되고 말았다. 계몽운동이 성경이나 교회의 권위를 이성의 권위로 대치했기 때문에 포스트모더니즘은 이런 과시적인 '이성' 이 계몽운동 사상가들이 믿었던 것처럼 객관적이고 공평하지 않다고 공격했다. 계몽운동은 자신의 견해를 모든 다른 사람들에게 강요했던, 중년의 백인 제국주의자들의 가설을 수집한 것에 불과하다는 것이다. 따라서 그것 또한 기독교가 그러했던 것처럼 객관적인 '진리' 가 아니었다. 예컨대, 18~19세기 사람들에겐 서구의 생활 양식이 최고라는 점과, 서구의 무역과 관습에 대해 못마땅해 하는 이교도들에게 자신들의 관점을 이식시켜야 한다는 사실이 명백히 '합리적인' 것처럼 보였다. 하지만 그것은 더 이상 그렇게 좋은 아이디어가 아닌 것처럼 보인다. 기독교와 이성 그 자체뿐 아니라 또한 계몽운동의 추종자들, 즉 이상주의 및 마르크스주의와 독재적 국가 사회주의를 포함해 삶에 관한 포괄적인 이해를 제공한다고 주장하는 다른 모든 위대한 이야기들은 동일한 취급을 받았다.

그 결과, 아무 것도 믿지 않는다는 것, 더 정확히 말하면, 체스터튼(Chesterton)이 지적한 것처럼 모든 것을 믿는 것이다. 만인이 믿어야만 하는 가장 소중한 '진리' 는 존재하지 않는다. 하지만 생활 양식의 선택 범위와 신앙 체제는 매혹적이다. 그리하여 헬스클럽이나 휘트니스클럽에서 운동하며, 뉴에이지 운동을 주시하고, 풍수설에 따라 집을 옮기고, 밤에는 클럽에 가면서 아침에는 일어나서 불교적인 명상을 하게 되었다. 기독교 역시 또 하나의 개인적인 생활 양식으로 이들 가운데 한 자리를 차지하게 될 것이다. 그리고 그것을 다른 사람에게 강요하려고 하지 않는 한 전혀 문제가 되지 않는다.

그렇다면 당신이 옳다고 생각하는 것이 큰 죄가 되는 상황에서 어떻게 전도가 가능한가? 그러한 문화 속에서 교회의 역할은 무엇인가? 교회가 역할을 가지고는 있는가? 혹여 그 역할이란 것이 로터리 클럽에 대한 종교적 해석이거나 아니면 거센 세상의 풍파로부터 벗어나 즐겁게 모닝커피를 마시는 것 이상의 역할을 할 수 있겠는가?

때론 전도가 그다지 유용한 목적이 되지 못한다는 사실도 인정해야 한다. 우리는 더 이상 격렬한 십자군의 기세로 전도하려고 하지는 않지만, 여전히 군대 용어와 현대적 전도의 공격적인 행동이 위태롭지만 그래도 괜찮다고 생각한다. 이와 유사하게, 보는 사람마다 지옥에 떨어질 운명이라는 경고로 일관하는 전도는 예수님이 주로 종교적 위선자들을 겨냥하셨던 부정적인 동기를 선택하는 것으로, 쓸데없는 정서적, 영적 긴장을 고조시켜 급기야는 대화 자체가 불가능한 상황에 빠뜨리게 될 것이다.

그럼에도 불구하고, 인종적, 종교적 긴장이 결코 표면상의 문제가 아닌 다원적 포스트모던 사회에서 전도가 어떤 자리를 차지하고 있는가를 물을 필요가 있다. 전도는 과연 어떤 역할을 감당해야 하는가? 우리가 사는 이 시대에 교회는 무엇을 의미하는가? 전도는 꼭 해야만 하는 것일까? 그렇다면 왜? 필요한 것은 기본적인 오리엔테이션, 즉 잘못된 길로 갈 때 바르게 고쳐줄 여행 지도이다. 우리의 길을 발견하는 최선의 방법은 지혜롭고 믿을 만한 안내자에게 물어보는 것이다.

세상과 하나님 나라 사이의 교회

자크 엘룰(Jacques Ellul)은 20세기 교회와 사회에 관한 가장 통찰력 있는 그리스도인 참조가 중 한 사람이다. 1912년에 출생하여 1994년에 별세한 그는 프랑스의 보르드(Bordeaux) 대학교의 법학 교수였으며, 1, 2차 세계 대전을 겪는 동안 지난 세기가 경험했던 정보 혁명과 거대한 사회적 변화의 대부분을 목격했다. 그 기간 내내 그는 프랑스의 개혁 교회에서 맹활약하며 1948년 한 권의 책을 출판했는데, 이 책이 그의 나머지 책들을 이해하는데 열쇠가 된다고 많은 사람들은 말한다. 서구 교회의 위치에 대한 예언적이고 도전적인 생각이 실린 그 책의 제목은 〈하나님 나라의 임재〉[2]이다. 비록 반세기 전에 쓰여진 책이지만 뛰어난 예견과 분별력으로 인해 새로운 세기의 교회와 전도의 위치를 발견하는데

도움이 된다.[3)]

엘룰은 그리스도인은 이 세상 속에서 살아가야 하는 존재라고 주장한다. 이것은 명백한 사실이다. 그의 메시지는 편안한 종교 휴양 시설로 들어가기를 희망하는 사람들에게, 다른 한편으로는 자신이 성공적인 기독교 사회를 창출할 수 있다고 생각하는 극단적인 사람들에게 공히 주어지는 것이다. 그리스도인은 이 두 가지의 불가능한 선택 사이에서 불편하게 붙잡혀 있는 실정이다. 엘룰은 계속해서 그리스도인들이 주위의 세상 사람들과 관계를 맺을 때 취해야 할 주요 사항들을 제안한다.

엘룰은 그리스도인들은 자신이 살고 있는 세상의 진정한 특성을 이해하려고 노력해야 하며, 만사가 잘 될 것이라는 생각에 기만당해서는 안된다고 권면한다. 구약의 선지자들이 당시의 사람들에게 자아도취적 만족에 대해 반복적으로 경고했던 것처럼, 현대의 그리스도인들도 사회의 내면을 들여다보고 무엇이 그 사회를 움직여 가는지 감지해야 한다. 우리는 해마다 빈부의 격차가 점점 더 심화되고, 세계에서 가장 부유한 억만장자 세 사람의 재산이 가장 미개발된 국가의 6억 인구의 재산을 합친 것보다 더 많은 현실 속에 살고 있다. 우리의 세상에서 폭력은 개인적, 국제적 논쟁에서 자신의 길을 고집하는 정상적인 방법이며, 어린이들은 이들을 자신의 쾌락이나 야심의 대상으로 간주하는 어른들에 의해 빈번히 학대를 받고 있고, 수많은 사람들이 오랜 시간 관계를 유지하지 못한 채 극심한 결혼의 실패를 경험하고 있다. 오존층의 손상에서부터 매일 일어나는 강물의 오염에 이르기까지, 그리고 도시와 대형 백화점들이 점차 녹지 공간을 덮어버리고 환경은 소실 혹은 파괴되고 있으며, 이 땅에 남아있는 자원은 미래에 대한 아무런 고려 없이 고갈되어가고 있다. 사람들은 소중히 대접받아야 할 피조물이라기보다는 오히려 다양한 방식으로 이용되어야 할 대상이다.

이것은 매우 황량한 풍경이다. 앞서 간 많은 예언자들처럼 엘룰은 지나치게 비관적이라는 비난을 받아왔다. 그럼에도 불구하고, 그는 마귀들의 이름을 끈질기게 불러대는데, 이러한 요소들은 서구 사회에 늘 존재하며 일상적인 것으로 자라나고 있다. 물론 좋은 일들도 일어나서 사랑과 자비, 정의가 이따금씩 승리하기도 한다. 하지만 세상 속에 널리 퍼져있는 실재, 즉 그리스도인들이 말하는 소위 죄와 악이 무엇인지는 직시되어야 하고 밝혀져야만 한다.

둘째, 엘룰이 주장하는 것은 그리스도인들이 세상의 생활 방식에 대해 의문을 제기할 필요가 있다는 것이다. 다시 말하면, 현재의 생활 방식이 미래에도 동일하게 이어지지 않도록 해야 한다는 것이다. 학대와 환경의 피폐, 사랑 없는 방종이 수많은 사람들의 삶과 사회의 일반적인 흐름을 지배하게 될 수 있다. 하지만 세상이 늘 그런 식으로 흘러가야 할 이유는 없다. 상황은 얼마든지 달라질 수 있다. 지금의 상태를 묘사하는 이러한 단어들이 결정적인 것이 되어서는 안되며, 동시에 피할 수 없는 '삶의 실상'으로 인정돼서는 안된다. 분명히 더 나은 방식이 있으며, 비록 그것이 이 세대에서는 보기 힘들다 할지라도 그리스도인은 그 더 나은 삶의 방식에 대한 소망을 고수해야 한다.

셋째, 그리스도인들은 이 세상이 '혁명'을 필요로 한다는 것을 깨달아야 한다. 엘룰은 정부를 갈아치우고 다른 한 무리의 죄인들을 그 자리에 대신 앉히는, 실제로 별다른 차이를 만들어내지 못하는 마르크스식 혁명을 의미하지 않았다. 그것은 세상이 이대로 간다면 엄청나게 파괴적인 곳으로 전락하게 된다는 사실을 감지해야 함을 의미한다. 관계가 깨어지고, 사람들은 상처를 입으며, 평화와 정의도 그 힘을 상실하게 된다는 뜻이다. 어린이들과 어른들은 무서운 범죄 행위를 통해, 혹은 평범한 일상 생활에서 학대를 당한다. 그 결과 우리는 위엄과 기쁨을 누리는 하나님의 형상으로 창조된 특별한 존재로서의 대우를 거의 받지 못하는 상태에 이르게 될 것이다. 현재의 제도를 얼마간 수정한다면 미미하나마 향상을 기대할 수도 있겠지만, 성경은 그보다 훨씬 더 근본적인 해결책을 요구한다. 그것은 죄와 죽음을 이기고 부활하신 그리스도가 지배하는 하나님 나라가 충만하게 임하는 것이다.

그리스도인 스스로가 찾아야 할 전체적인 그림을 제시한 후 엘룰은 계속해서 그곳에서 살며 응답할 수 있는 적절한 방법들을 제시한다. 첫째, 그러한 사회에서 그리스도인의 역할은 다른 왕국, 다른 생활 양식의 증인이 되는 것이다. 세상 속에서의 그리스도인에 대해 그는 다음과 같이 말한다.

> 물론 그는 늘 선한 일에 몰두할 수 있고, 그의 에너지를 종교적, 사회적 활동에 쏟아 부을 수 있다. 하지만 이 모든 것은 그가 예수 그리스도께 받은 유일하고 으뜸가는 사명인 그리스도의 증인이 되지 못한다면 아무 소용이 없을 것이다.[4]

그리스도인이란 선을 행하고, 친절하며, 더 나은 세상이 되도록 돕고자 애쓰는 사람만을 뜻하지 않는다. 이들은 이 세상 사람들은 별 관심이 없는, 아직 완전히 도래하지 않은 또 하나의 다른 명령, 다른 생활 양식, 다른 왕국에 대한 푯대로서 행동해야 한다. 엘룰은 우리에게 이 나라는 전적으로 여기에서, 지금 현재의 상황 하에서 건설될 수 있다는 사상에 반기를 든다. 나라를 세우고 확립하시는 분은 하나님이시기에 우리가 이 일을 하는 것이 아니다. 하지만 하나님 나라와 그의 왕권을 믿는 사람들은 그 나라를 상기시키며, 향내를 발하며, 죄와 사망의 철창이 아니라 하나님의 주권 아래에서 산다는 것이 무엇을 의미하는가를 보여주는 하나님 나라의 푯대로서 살기를 원할 것이다.

이러한 원리에서 시작하여 엘룰은 교회의 정체성은 교회의 기능보다 더 중요하다고 주장한다. 다시 말하면, 우리가 어떤 사람인가는 우리가 무슨 일을 하는가보다 더 중요하다는 뜻이다. 알다시피 그리스도인이 직면하고 있는 가장 긴박한 과제는 이 다른 나라의 삶을 표현하는 구별된 '생활 양식' 을 발전시키는 일이다. 엘룰이 의미하는 바 그 청사진을 얻기 위해 여기 그의 말을 인용하는 것이 좋을 듯하다.

> 오늘날 기독교가 세상과의 접촉점을 가지길 원한다면 경제 이론, 정치적 질문, 혹은 분명한 정치적, 경제적 입장을 취하는 것보다는 오히려 새로운 삶의 양식을 창조해 내는 일이 더 중요하다… (계시)에 대한 믿음은 이러한 새로운 삶의 방식-'잃어버린 고리' -을 창출함으로써만이 일상 생활에서 실재가 될 수 있기 때문이다. 중세기에 독특한 삶의 양식이 있었다. 16세기엔 개혁 교회 그리스도인들의 생활 양식이 나타났는데, 흥미롭게도 그것은 르네상스 시대의 것과는 정반대되는 것이었다. 영적인 면이 전혀 없는 자본주의 사회의 지배 계급의 생활 양식 및 공산주의자들의 삶의 스타일도 있다. 그런데 그리스도인의 삶의 양식은 더 이상 존재하지 않는다. 아주 솔직히, 변죽을 울리지 않는다면, 교리란 그것에 합치된 삶을 사는 사람들에 의해 채택되고, 믿어지고, 수락되는 정도까지만 그 능력 (하나님이 교리를 주신 것과는 상관없이)을 발휘할 뿐이다… 인생이

란 온통 바로 이러한 삶을 사는 것과 연관되어 있다. 그것은 친절을 베푸는 행위뿐 아니라 현재의 정치적 질문에 대해 생각하는 것도 포함한다. 그것은 경제적인 문제들을 해결하는 것과 같이 옷을 입고 식사를 하는 데에도 영향을 미친다. 그것은 이웃에게 가까이 다가가는 일과 아내와의 충실한 관계까지도 포함한다. 절대적으로 모든 것, 즉 중요치 않은 것으로 여기는 극히 사소한 것일지라도 관심을 가지고 신앙의 관점에서 보며 하나님의 영광을 위해 고찰되어야 한다. 이러한 바탕에서만이 교회에서 새롭고 자발적이며 진실한 그리스도인의 생활 양식을 발견할 수 있을 것이다.[5)]

엘룰은 많은 사람들이 공감하는 것은 서구 교회의 장기간에 걸친 연약성이라고 지적한다. 즉 신학적인 전문성과 올바른 예배 의식이 있었음에도 불구하고 교회가 더 광범위한 문화권의 다양한 생활 양식에 비해 어떤 독특하거나 유별난 방식을 제시하지 못했다는 점이다. 엘룰은 진정한 그리스도인의 삶에 대한 재발견(단지 우리의 교리만을 바르게 하는 것보다)이 서구 기독교의 갱생을 위한 열쇠임을 깨닫게 해 준다. 이것은 데릭 드레이퍼가 삶에 필요한 실질적인 지혜를 추구했던 것을 생각나게 한다. 그러한 지혜란, 이 지구는 창조주 하나님에 의해 창조되어 사랑받고 있다고 믿는 것을 의미한다. 즉, 우리가 만나는 각 사람은 하나님의 형상으로 빚어진 귀한 존재로 위엄과 존경심을 가지고 대해야 한다는 것이다. 죄 많은 세상에 대한 하나님의 심판은 실제로 내려질 것이며 임박해 있다. 예수님의 죽음과 부활로 인해 이제 죄와 죽음은 무의미하며 더 이상 힘을 쓰지 못한다. 어느 날 하나님은 공의와 평화와 기쁨으로 가득 찬 그의 새로운 왕국을 도래하게 하실 것이다. 이러한 실재를 당연한 것으로 믿는 사람은 그렇지 않은 사람과는 현저히 다른 삶을 살게 될 것이다.

끝으로 엘룰은 이러한 목표는 다른 사람들과 함께 이루어야 한다고 주장한다. 장차 올 하나님 나라의 푯대로서 새롭고 진실한 그리스도인의 생활 양식을 구축하는 과제는 공동체 안에서만 가능하다는 의미이다. 엘룰의 멋진 주장을 들어보자.

> 고립된 그리스도인이 이러한 길을 걷는 것은 불가능하다… 새로운 삶의 방식을 추구하기 위해 모든 그리스도인은 다른 사람의 격려가 필요하다는 사실을 느끼고 알아야 한다. 교회 생활을 재정립하고 그리스도인 공동체를 발견하는 일에 에너지를 모으는 일이 필요하다. 그리하여 성령의 열매가 무엇인지를 새롭게 배울 수 있어야 한다… 절제, 자유, 연합 등을 구체적으로 적용하는 법도 다시 터득해야 할 것이다. 이 모든 것은 교회 생활에 필수적인 것이며 동시에 이 세상에서의 기독교의 기능이기도 하다. 이 전부는 복음 증거와 선포의 목적을 성취

하기 위한 것이어야 한다.[6)]

엘룰은 세속적이며 때론 적의에 찬 세상에서 하나님의 주권 아래에서 산다는 것의 의미를 발견하며, 그리스도인의 이야기를 현실화하는데 헌신된 그리스도인들의 작지만 상호 후원적인 공동체를 마음에 그리고 있다. 교회는 그리스도인들이 사업가, 사무실 직원, 선박 조수, 변호사나 엔지니어로서 어떻게 살 것인가에 대한 도움을 얻는 곳, 또한 그렇게 살려고 애쓰지만 큰 어려움에 봉착할 때 결속된 유대 관계와 실제적인 후원을 발견하는 곳이다. 엘룰은 이 모든 경우에 평신도 그리스도인들의 역할이 중요함을 강조한다. 그는 실제로 세상일에 참여하지 않음으로써 세상과 거의 접촉을 하지 못하는 성직자와 함께 세상과 동떨어진 곳에서 조용히 신앙과 평범한 생활을 유지하는 평신도를 똑같이 비판하고 있다. 또한 신앙을 내면의 느낌으로만 간직한 채 외부로의 실천적이고 사회적인 표출을 꺼리는 유형의 영성에 대해서도 강한 의구심을 표현한다. 엘룰에게 있어 그리스도인 평신도란 성직자가 아니라 그들이 '두 도시들', 즉 어거스틴의 표현을 빌리자면, 하나님의 도시와 세상의 도시 사이의 경계선에서 매일 생활하는 사람으로서 중추적인 역할을 감당해야 할 사람이다.

현 세대를 향한 전도에 관해 생각할 때 자크 엘룰은 이 책의 중심 사상에 근접한 세 가지 중요 요소, 즉 하나님 나라, 그 나라를 반영하는 삶의 양식 개발 및 이 과제를 수행함에 있어서 지역 교회 공동체의 중요성을 상기시킨다.

전도와 혁명

엘룰은 이 부분의 주제를 전도와 연계시켜 심층적으로 연구를 하지는 않았다. 이 둘의 관계를 잘 설명해 줄 수 있는 사람은 구약 학자 월트 브루에그만(Walter Brueggemann)으로, 특히 1993년에 출판된 그의 저술 〈전도에 관한 성경적 관점〉(Biblical Perspectives on Evangelism)은 분량은 적지만 도전적인 내용을 담고 있다. 브루에그만은 그리스도인에게 있어 자신이 누구인가에 관한 설명은 자신의 부모, 조상, 인종, 사회적 계층에 대한 것이 아니라 오히려 성경의 이야기, 즉 아브라함에게 한 약속, 애굽의 노예 생활과 죄로부터의 해방, 나라 없는 이스라엘 민족에게 주신 선물의 땅과 죽은 죄인들을 살리신 생명과 같은 것이다. 이러한 약속과 구원과 선물은 그리스도인의 가족사이며 그리스도인을 결정짓는 요소이다. 요약하면, 당신은 사랑으로 창조되었고, 구속함을 받았으며, 변화되었고, 이제는 예수 그리스도의 하나님에 속한 존재이다. 이 이야기는 물론 다른 많은 사람들이 자신의 인생을 정의하는 설명과는 전혀 다른 것이다. 그들의 이야기 속에는 혼자 어린 아이를 기르느라 고생하는 편모의 절망, 온갖 현대식 안락 속에서 무목적과 무의미의 날들을 보내는 중년 경영가의 권태, 혹은 노숙자의 비참함과 소외감에 대한 이야기가 무성할 뿐이다.

브루에그만은 전도를 "우리의 인생에 대한 새로운 상상으로의 초대… 이야기들을 교체하여 삶을 변화시키는 초청과 부름"[7]으로 정의 내린다. 그것은 절망, 권태 혹은 비참의 신들을 예수 그리스도의 하나님–약속과 구원과 자비의 하나님–으로 대체하라는 초청이다. 엘룰은 그리스도인들에게 주변 세상의 그런 캐캐묵은 이야기들에 굴복하지 말고, 또한 형편이 결코 달리질 수 없다는 생각조차 버리라고 요청한다. 브루에그만은 여기서 한 걸음 더 나아가 우리에게 그 지겨운 세상으로부터 벗어나서 다른 신들의 그 가혹한 지배에 도전장을 던지는 하나님의 주권 아래에서의 새로운 시대, 새로운 나라로 이동하라는 초청으로 여기라고 격려한다. 엘룰처럼 그 또한 새로운 상상력–절망, 지루함 혹은 박탈감의 사슬은 깨뜨려 질 수 없다는 생각을 버리고 상상의 날개를 펴고 다른 길, 다른 왕이 있다고 믿는–으로 초대하고 있는 것이다.

브루스 채트윈(Bruce Chatwin)의 멋지고 잊혀지지 않는 책 〈송라인즈〉(The Songlines)에서 아일랜드 신부는 그 책에 등장하는 총명하지만 수수께끼 같은 인물에 대한 견해를 물었을 때 다음과 같이 대답했다. "플린(Flynn)은 천재임에 틀림없어요. 하지만 나는 그가 믿음의 사람이라고는 생각하지 않아요. 그는 결코 믿음으로 도약을 할 수 없지요. 믿음에 대한 상상력을 발휘하지 않으니까요."[8] 믿음이란 통찰력 있고 뚜렷한 판단이다. 믿음은 상상력 –사태가 달라질 수 있으며 자신이 보는 것이 자신이 취할 수 있는 모든 것이 아님을 상상할 수 있는 능력–을 필요로 한다.

엘룰과 브루에그만은 그리스도인의 삶과 증거는 현재의 생활방식에 대한 불만에서 시작된다는 사실을 상기시킨다. '이렇게 되어서는 안 되는데' 라고 느끼는 것이 진정한 지혜의 출발점이 된다. 사도 바울에게 있어서 하나님의 영이 한 사람에게 역사하는 표시 중 하나는 "… 또한 우리 곧 성령의 처음 익은 열매를 받은 우리까지도 속으로 탄식하여 양자 될 것 곧 우리 몸의 속량을 기다리는"(롬 8:23) 것이다. 좌절이란 성령의 잘 알려지지 않은 열매 중 하나이다! 환경이 바뀔 수 있다는 내면적 본능과 함께 현재 상태에 대한 불만은 예수 그리스도의 하나님과 교제하고 싶은 사람에게는 시발점이 된다.

포스트모던 시대의 전도

자 이제 첫 질문으로 되돌아간다면, 구별된 삶의 양식을 제공하고 새로운 가능성을 열어주는 하나님 나라에 관해 앞에서 얻은 통찰력은 포스트모던 시대에 전도를 하고 싶어 하는 사람들에게 유용한 출발의 계기를 마련해 줄 것이다. 다음의 이야기는 이 점을 더 명확하게 설명해준다.

로빈 후드의 전설은 유명하다. 가난한 자들에게 주려고 부자로부터 많은 것을 훔쳤던 로빈은 셔우드 숲 속에서 쾌활한 부하들과 약혼녀 메이드 마리안과 함께 살면서 늘 노팅햄 지방의 영주를 괴롭혔다. 이 이야기가 역사적인 사실인지는 알기 어렵지만, 그럼에도 불구하고, 그것이 전개되는 상황은 매우 유의미하다. 12세기 정의의 왕 리차드는 십자군 전쟁에 출전하기 위해 영국을 떠났고, 그가 없는 동안에 동생인 존 왕자는 형의 왕좌를 빼앗아 스스로 왕이 되었다. 그래도 만족하지 못한 존은 막중한 세금을 징수하고, 이미 엄격한 봉건 제도 하에서 확고한 자리를 차지하고 있었던 농부들의 사냥 권리를 박탈하기에 이른다. 로빈 후드는 존 왕의 통치를 거부하는 저항 운동의 리더가 되어 진정한 왕 리차드가 돌아올 것이라는 희망을 잃지 않는다. 리처드 왕이 귀국 길에 올랐다는 소식이 영국에까지 퍼졌는데, 사실상 왕은 이미 도착해 있었다. 로빈 후드와 그의 추종자들은 희망을 포기한 동료들에게 진짜 왕은 그 백성을 잊어버리지 않았다는 것과 곧 사태는 달라질 것이라는 소식을 조용히 전달하기 시작한다. 하지만 이들은 한동안 존 왕이 마침내 패배당할 때까지 여전히 불안과 압제 하에서 살아야 했다. 그럼에도 뉴스는 계속 퍼져나갔으며 그 어느 것도 그들을 침묵시키지 못했다.

로빈 후드를 비롯한 저항자들은 깜짝 놀랄만한 일을 했는데, 이러한 이미지가 오늘날의 교회에 그리 나쁜 것은 아니다. 그들은 압제자의 통치 하에 살았지만 현 제도가 궁극적인 것이 아님을 알았기에 즐겁게 웃을 수 있었다. 그들은 진정한 왕이 올 것이며 그 때는 사태가 달라질 것임을 안다. 그들은 때때로 진짜 왕을 회상하는 반항적 행위로 거짓 권력자들에게 그들의 통치가 일시적이며 가짜라는 사실을 상기시킨다. 그들은 또한 상황이 이러해서는 안된다는 기쁜 소식을 주변 사람들에게 전한다. 왕은 올 것이며, 사실 이미 도착했고, 다른 사람들은 이같이 도래할 왕국을 기다리며 기쁨의 삶을 시작할 수 있다.

이것이 전도의 본질미래에 확실히 볼 수 있는 다른 왕, 다른 나라가 임한다는 것과 거기에 참여하라는 초대장이 있다는 광고–이다. 복음 전도는 적의로 가득 찬 포스트모던 시대에도 왜 그리스도인들은 복음을 증거하는가에 대한 이유이다. 누구에게 전하는가에 따라 포스트모더니즘은 근대주의의 뒤를 이을 수도 있고 그렇지 않을 수도 있는데, 둘 다 살벌한 분위기를 자아낼 것이란 점은 틀림없다. 때로는 그리스도인들이 보지 못하는 것을 볼 수 있는 사람이 있는데 세속의 비평가들이다. 테리 이글톤(Terry Eagleton)은 예컨대 '소름끼칠 정도로 엉망진창이 된 현대 세계'[9]에 대해 말하며 포스트모더니즘의 정체를 밝힌다.

> … 그것이 좌익이든 우익이든 전체주의에 대한 회의(懷疑)는 상당히 거짓된 것이다. 그것은 어떤 종류의 전체주의에 대해서는 의심을, 다른 종류의 전체주의에 대해서는 열렬한 지지를 의미하는 것이다. 특정한 종류의 전체주의—감옥, 족장 정치, 조직체, 전제주의자의 정치적 명령—는 대화의 주제로 허용되는 반면 다른 것들—생산 방식, 사회적 구조, 교리적 체제—은 조용한 검열을 받는다.[10]

고전주의 시대든, 중세든, 근대 혹은 포스트모던 시대든, 가장 두드러진 특징은 역사의 '뚜렷한 일관성'—이른바 끈질기게 지속되는 비참한 현실과 착취—이다.[11]

세상은 달라질 수 있다. 이글톤과 같은 사회주의 비평가들의 꿈과는 달리 그리스도인은 세상을 더 낫게 만들려는 인간적인 시도에 절망한다. 하나님의 역사인, 하나님 나라의 도래만이 세상을 변화시킬 수 있기 때문이다. 왜 우리는 포스트모던 사회에서도 복음 전도에 전념하는가? 상황은 더 나아질 수 있고, 또한 더 나아져야만 하기 때문이다. 지금의 생활 방식이 유일한 삶의 방식은 아니다. 우리는 다른 왕, 다른 왕국이 존재하며 그의 통치하에서는 모든 것이 달라진다는 소식을 들었기 때문이다. 그리고 여기 예수 그리스도 안에 있는 왕국이 도래했다는 좋은 소식이 도착했다. 왕이 도착했으며 세상이 달라지는 증거들을 볼 수 있다는 소식이다.

어떤 이들에게는 이것이 너무도 현실과는 거리가 먼 이야기인 것처럼 들릴지도 모른다. 정말로 복음 전도는 영원한 영혼 구원에 관한 것일까? 정말로 많은 사람들이 천국에 가는 것을 확인한 것일까? 우리는 이제 예수님이 말씀하시는 하나님 나라는 어떤 것인가에 대해 더 자세히 살펴볼 것이다. 이 시점에서 성경은 영혼이 아닌 사람들을 구원하는 것에 관해 이야기하고 있다는 사실을 기억하는 것이 중요하다. 우리가 막연하게 천국에 올라가서 거기 어디쯤 있게 될 운명이며 육체를 벗어난 영혼으로서 구원을 받는다는 생각은 성경적이라기보다는 오히려 플라톤의 그리스 신화 쪽에 더 가깝다. 성경은 구원의 목표가 '새 하늘과 새 땅' 이라고 말한다. 성경은 영혼만이 아닌 몸의 부활에 대해 이야기한다. 성경은 우리가 하늘로 사라지는 것이 아니라 궁극적으로 하나님의 주권적인 행위인 하늘이 땅으로 내려오는 것을 말한다. 현 세상의 질서와 죄, 죽음과 지옥의 통치는 전복될 것이지만, 확신하건대, 그것이 땅의 멸망과 우리가 하늘의 어떤 영적

테마 공원으로 사라지는 것을 의미하지는 않는다. 성경은 하나님이 땅의 멸망이 아니라 변화를 일으킬 것이며, 인간을 멸절케 하는 것이 아니라 인간에게 새로운 변화를 경험하게 할 것이라는 확신을 심어준다.

하나님의 나라를 사람들이 죽을 때 가는 장소로, 혹은 이 지구로부터 멀리 떨어진 어딘가에 있는 희미한 영적 세계로 생각하면 현재의 일상적인 삶은 천국 갈 준비를 하는 일에 비교할 때 그다지 중요한 일이 아닌 것처럼 보일 수도 있다. 그러나 이것이 과연 예수님이 의미하는 하나님 나라일까? 장래 하나님 나라에 대한 소망이 있다는 말이 이 세상은 전혀 무의미하다는 것을 의미할까? 다음 장에서 이러한 질문들에 대해 좀더 자세히 고찰할 것이다.

왕은 적의 영토에 교두보를 건립했다. 예수님이 오셔서 하나님 나라를 출범시켰다. 중요한 것은 예수님이 하나님 나라는 기쁨과 축제 그리고 재미–왕국에 있어 가장 중요한 것은 아니지만–의 나라임을 분명히 하셨다. 예수님이 묘사한 하나님 나라는 항상 기쁨으로 가득 찬 곳이다. 그곳은 풍부한 음식과 환희가 넘치는 잔치, 혹은 값비싼 목걸이를 잃었다가 다시 찾은 여인이 베푼 축하 파티와 같은 것이다. 거짓 권력에 반항하며 숲 속 깊은 곳에서 열린 만찬에 동참하여 축제를 즐기는 수많은 추방당한 자들에 대한 그림은 이와 동일한 종류의 것이 될 것이다. 이 분은 엄격하거나 무서운 왕, 유머가 없는 냉정한 통치자가 아니다. 웃음꽃이 피는 자신의 집으로 우리를 초대하는 자비로운 주인인 것이다. 불행하고 침울하며 지루한 교회들은 이러한 중요한 사실을 놓쳐버린 듯하다. 이를 철저히 파악한 교회들은 기쁨이 넘치는 공동체가 될 수 있다. 그 기쁨은 더할 나위 없이 견고한 기초에 그 뿌리를 두고 있다. 깊이 생각해 보면 '쾌락을 추구하는' 숨가쁜 노력은 악과 죽음이란 최후의 실체가 쓴 가면의 미소에 불과한 것이다. 인자, 온후, 환영의 마음으로 가득 찬, 장차 오실 진짜 왕의 통치 하에서 얻는 기쁨은 훨씬 더 풍요로운 것이다.

그리하여 어느 사회에서나 마찬가지로 포스트모던 사회에서의 교회의 위상과 역할도 하나님 나라의 예표에 다름아니다. 복음 전도는 논쟁을 불러일으키는 비현실적이고 철학적인 진리에 대한 선포가 아니라 사건의 실제적인 상태를 알려주는 역할을 한다. 복음은 멋진 아이디어라기보다는 좋은 소식이다. 그것은 추상적인 개념들의 집합이 아니라 볼 수 있고 경험될 수 있는 실재, 즉 진정한 왕의 통치 하에서의 삶을 증거하는 것이다. 이것은 전도에 대한 생각을 새롭게 하거나, 복음 전도를 과거보다 훨씬 더 큰 맥락 속에서 보아야 함을 의미하는 것이다. 다음 두 장에 걸쳐 이 과제를 다룰 것이다. 지금까지 예수님의 왕권과 하나님 나라와 같은 중요한 신학적 주제들에 관해 살펴보았다. 이런 주제들은 신약 성경에 그 뿌리를 두고 있기 때문에 그 나라가 무엇을 의미하며 오늘날 복음 전도의 과제와 어떤 관련성이 있는가를 탐구해야 할 것이다.

참조

1. 〈La Condition Postmoderned: Rapport sur le Savoir〉, Paris: Editions de Minuit, 1979, 7에서 Lyotard가 포스트모던 상황을 "전체 이야기 속의 작은 이야기들을 설명하는 이야기에 대한 불신"으로 묘사하였다.
2. Jacques Ellul 〈하나님 나라의 임재〉(The Presence of the Kingdom), 2nd ed., Colorado Springs, CO: Helmers & Howard, 1989.
3. 나는 나의 동료 Dr Andrew Goddard에게 은혜를 입고 있다. Ellul에 관한 그의 책〈말씀대로 살기〉, 〈세상에 저항하기〉, 〈Living the Word〉, 〈Resisting the World〉, 〈Carlisle: Paternoster〉는 유용한 소개이며, 여기에 제시된 아이디어의 창출을 가능케 했다.
4. Ellul 〈하나님 나라의 임재〉, 5.
5. Ellul 〈하나님 나라의 임재〉, 119~23.
6. Ellul 〈하나님 나라의 임재〉, 123~4.
7. Walter Brueggermann 〈전도에 관한 성경적 관점〉(Biblical Perspectives on Evangelism: Living in a Three-Storied Universe), Nashville, TN: Abingdon Press, 1993, 10~11.
8. Bruce Chatwin 〈The Songlines〉, London: Picador, 1987, 72.
9. Terry Eagleton 〈포스트모더니즘의 환상〉, Oxford: Blackwell, 1996, ix.
10. Eagleton 〈포스트모더니즘의 환상〉, 11.
11. Eagleton 〈포스트모더니즘의 환상〉, 51.

왕, 하나님 나라, 성경

3장
왕, 하나님 나라, 성경

첫 세 복음서의 저자들이 펜을 들었을 때, 그들은 무엇에 관해 기록해야 할지를 정확히 알고 있었다. 그들은 그 당시 세상을 정말로 변화시켰던 괄목할 만한 인물 나사렛 예수에 대한 그림을 그렸던 것이다. 그들은 모든 것을 초월하여 한 가지 주제만을 강조했는데, 그것은 예수님 자신의 말씀 속에 나온 주제였기 때문이다. 그 주제는 바로 하나님 나라에 대한 선포였다.

신약 성경 학자들은 서로 이견이 많지만, 예수님의 가르침과 사역이 하나님 나라에 초점을 두고 있다는 점에서는 대부분 의견의 일치를 이룬다. 마가복음은 이사야의 말씀과 더불어 세례요한이 광야에서 그 말씀을 반복적으로 외치는 것으로 시작한다. 그 예언은 예수님이 갈릴리 언덕에서 역사의 무대 위로 성큼 나오심으로써 성취된다. 요한에게 세례를 받는 동안 하나님의 승인이 이루어지고 예수님이 입을 열어 선포하실 때 예수님에 대한 소개는 절정을 이룬다. “이르시되 때가 찼고 하나님의 나라가 가까이 왔으니 회개하고 복음을 믿으라 하시더라” (막 1:15). 이러한 극적인 출발은 예수님의 메시지에 대한 상당히 훌륭한 요약이라 하겠다.

예수님은 주로 비유로 말씀하셨는데, 이는 하나님의 나라가 어떤 것인지를 설명하기 위함이었다.[1] 하나님의 나라는 ‘가까이 왔다.’ 그 나라는 능력으로 ‘임할’ 것이며, 겨자씨, 진주를 찾는 상인, 아들을 위해 잔치를 준비하는 왕, 농사짓는 농부, 누룩 없는 떡을 굽는 여인과 같은 것이다. 하나님의 나라를 간단한 공식으로 설명하기는 쉽지 않지만, 복잡한 이스라엘의 역사를 전개시키는데 있어서 자신의 역할에 대한 예수님의 생각 중심에는 하나님의 나라가 있었다는 사실은 틀림없다.

하지만, 하나님의 나라가 그 중심을 예수님에게 두었다는 사실에 동의하는 것과 하나님의 나라가 정확히 어떤 것인가를 밝히는 일은 전혀 별개의 문제이다.[2] 그러한 시도를 위해서는 먼저 예수님 이전으로 거슬러 올라가는 일이 필요하다. 예수님의 입에서 나온 대부분의 말씀처럼 하나님의 나라는 예수님이 허공에

다 지은 아이디어가 아니었다. 그것은 이스라엘의 길고도 복잡한 역사를 지니고 있는 것이다. 하나님의 나라는 예수님이 속했던 이스라엘 민족의 심장과 희망이었기에 그 상황을 벗어나서는 결코 이해될 수 없다.

예수님의 공생애 기간은 거의 끝나가고 있었고, 이스라엘 백성은 이미 오랫동안 하나님의 나라가 임하기를 기다리고 있었다. 유대인이 하나님 나라의 소망을 언급했을 때, 이들이 역사의 종말이나 죽음 이후의 삶을 추구한 것은 아니었다. 하나님의 나라는 매우 현실적이고 정치적인 관념이었다. 수 세기 전, 다윗 왕과 솔로몬 왕 통치 하의 이스라엘은 근동 지역에서 중요한 존재였으나 이후 분열되어 앗시리아와 바벨론의 포로가 되는 수치스런 역사를 남겼다. 주전 538년 바벨론 왕 고레스가 뜻밖에도 귀향을 허락하자 유대인들은 몇 그룹을 지어 자기 나라로 돌아갔다. 하지만 옛날의 위대함은 찾아볼 수 없었다. 서서히 재건된 예루살렘은 과거의 장엄함을 잃어버렸고, 급히 건축된 새 성전은 솔로몬 왕이 세웠던 위풍당당한 성전에 비하면 보잘 것 없는 모방에 지나지 않았다. 예수님의 때에는 로마 제국이란 또 다른 이방 권력의 압제에 의해 이들의 좌절된 희망은 더욱 더 심하게 짓밟히고 말았다. 헤롯왕이 새롭고 인상적인 성전을 건축했음에도 불구하고, 야훼의 땅은 여전히 점령되어 있었고 사람들은 해방을 고대했다. 예수님 당시 대부분의 유대인들은 포로 생활이 아직도 끝나지 않았다고 생각했다. 하나님의 나라를 소망했을 때, 이들은 다시 하나님이 그의 나라, 그의 백성, 그리고 궁극적으로는 모든 민족을 다스리는 왕이 되시길 갈망했던 것이다. 라이트(Tom Wright)는 하나님의 나라는 '이스라엘의 하나님이 왕이 되는 것에 대해 유대인의 방식으로 이야기하는 것'[3]이라고 피력한다.

예수님의 시대에는 이스라엘을 둘러싸고 많은 질문들이 제기되었다. 하나님은 왜 이스라엘을 그렇게 오랫동안 붙잡고 계시는가? 하나님이 행동하기로 결정하실 때 무슨 일이 일어날 것인가? 이스라엘은 어떻게 그렇게 되도록 도울 수 있는가? 이 민감하고 중요한 질문에 대해 다양한 집단들이 서로 다른 입장을 취했다. 권력을 잡고 있던 제사장 사두개인들은 성전 예배를 유지하는 것이 중요한 요소라는 사실을 믿었다. 그들은 성전에서 계속하여 희생의 제물을 드리는 것이 메시아가 도래하는 조건이라고 여겼다. 금욕적인 신비주의자들은 혼혈인 헤롯왕에 의해 건축된 예루살렘의 거대한 새 성전은 허위이며, 거기에 바치는 제물은 하나님에 대한 모욕이라고 여겼다. 그리하여 이들은 어두움의 아들들을 무찌르고, 그들 자신을 충성스러운 이스라엘의 상속자로 입증하며, 단호하게 행동하실 하나님을 기다리기 위해 예루살렘으로부터 15마일 가량 떨어진 사해의 모래 해안으로 물러나 있었다. 바리새인들은 덜 과격했으며, 하나님의 행동을 촉구하는 자극제로서 이스라엘의 국가적, 의식적 순결을 주장하며 유대인의 주류파 내에 머물러 있었다. 열심당원들은 더욱 강경한 태도를 취했다. 그들에게 있어서 하나님이 행동하시길 기다리는 것은 적절치 못했다. 하나님의 적들이 씌운 멍에를 뿌리치고 이스라엘을 올바른 위치로 회복시키며, 동시에 하나님을 왕좌로 복귀시키는 데는 반항적 행동, 즉 대중적 소요가 필요했다.

이러한 다양한 입장에도 불구하고 이들 대부분은 동일한 소망, 즉 하나님의 나라가 올 것이라는 희망을 공유했다. 그들은 동시에 동일한 실재-그 나라가 아직 오지 않았다는 것-를 깨달았다. 이때쯤 한 젊은 랍비가 갈릴리의 어둠 속으로부터 출현하여 그의 말을 듣고자 하는 사람들에게 하나님의 나라가 실제로 여기에 있으며, 하나님이 세상에서 그분의 통치를 회복하기 위해 마침내 행동을 개시한다고 공표했다. 당연히 그는 궁금증을 불러일으키며 어떤 고조된 관심을 불러일으켰다. 예수님의 말씀은 사두개인이나 신비적인 금욕주의자, 바리새인 혹은 열심당원들과는 전혀 달랐다. 그것이 무엇인지를 파악하기 위해서는 회당과 성전에서 반복적으로 읽혀졌고, 하나님 나라의 소망에 관해 계속 논의되었던 구약 성경의 주요 본문으로 돌아갈 필요가 있다. 그리고 예수님의 생애와 말씀에서 하나님 나라라는 주제가 어떻게 다루어졌는지를 살펴봐야 한다.

구약 성경에서의 하나님 나라

주전 11세기 드디어 다른 모든 나라처럼 이스라엘에도 왕이 세워졌다. 사울 왕은 엄청난 실망을 안겨주었으나 그의 후계자인 다윗 왕의 통치 하에서 이스라엘은 최고의 전성기를 누렸다. 이어 솔로몬 왕은 예루살렘에 하나님의 집인 독특한 성전을 건축하기까지 했다. 그러나 성경의 저자들에 의하면, 그 이후로 이스라엘은 몰락의 길로 들어서게 되었다. 연약한 왕들은 수치스런 추문에 연루되고 그 결과는 내란과 추방의 치욕으로 끝났다. 솔로몬 성전에서 드려졌던 기도와 찬송의 시편은 위대한 왕에 대한 찬양으로 가득 차 있다. 시편 99편의 "여호와께서 다스리시니 만민이 떨 것이요" 하는 선포와, 다윗의 하나님, 즉 "능력 있는 왕은 정의를 사랑하느니라" 와 같은 말씀을 읽으며, 위대한 통치자를 모시고 있다는 사실에 대한 경탄을 묵상하고 성전 예배의 장엄한 축제에 동참해 보라.

그렇게도 위대했던 다윗 왕의 전성시대도 다만 더 나은 것을 미리 맛보는 것에 불과하다는 느낌을 갖게 한다. 사무엘하 7장에서는 다윗 왕의 권력의 절정기에 다윗이 자신의 성공에 만족하지 못하여, 당시 야훼가 거하시던 장소인 초라한 장막보다 더 나은 하나님의 전을 궁궐 가까운 곳에 건축하기로 한 사실을 목격한다. 하지만 야훼 하나님은 다른 생각을 갖고 계셨다. 다윗의 선지자 나단을 통해 야훼 하나님은 하나님의 전을 건축할 것이 아니라 오히려 하나님이 다윗을 위해 집을 지어줄 것이라고 선언하신다.

> 네 수한이 차서 네 조상들과 함께 누울 때에 내가 네 몸에서 날 네 씨를 네 뒤에 세워 그의 나라를 견고하게 하리라. 그는 내 이름을 위하여 집을 건축할 것이요 나는 그의 나라 왕위를 영원히 견고하게 하리라. 나는 그에게 아버지가 되고 그는 내게 아들이 되리니 그가 만일 죄를 범하면 내가 사람의 매와 인생의 채찍으로 징계하려니와 내가 네 앞에서 물러나게 한 사울에게서 내 은총을 빼앗은 것처럼 그에게서 빼앗지는 아니하리라. 네 집과 네 나라가 내 앞에서 영원히 보전되고 네 왕위가 영원히 견고하리라 하셨다 하라(삼하 7:12~16).

어느 날, 한 왕이 다윗의 후손 중에서 나올 것이며 그는 다윗이 소원했던 하나님의 성전을 건축할 것이고 그의 왕국은 영원히 견고하게 설 것이다.

이 사실을 염두에 두고 마가복음(11:9~18)에서 예수님의 생애 마지막 때 어떤 일이 일어났는가를 살펴보기로 하자. 불안한 제자들의 추종을 받으며 예수님은 갈릴리로부터 걸어오셔서 쿰란의 에세네파 지역을 지나 요단강 평야에서 예루살렘까지 올라가 열심당원들이 숨어살았던 언덕을 지나실 때, 예수님은 사명 완수의 정점에 거의 도달하신 것이다.

예수님이 예루살렘에 도착하셨을 때, 마가는 나귀 새끼, 무화과나무 및 성전에 관한 에피소드를 기록한다. 어렸을 때 이 이야기를 접하면서, 나는 어쩐지 그 셋은 예수님의 놀라운 능력을 보여주기 위해 거기에 있었다는 생각이 들었다. 예수님이 자신을 위해 준비된 나귀 새끼가 있었다는 사실을 알고 계셨다는 것이 놀랍지 않는가? 예수님을 보라. 그의 말 한 마디로 나무가 시들었다! 그것은 마치 예수님이 예루살렘의 큰 무리 바로 앞에서 실제로 할 수 있는 것을 보이기 위해 능력을 시험하신 것과도 같다. 하지만 그것은 전적으로 요점을 놓치는 일이다.

마가는 그 세 가지의 행동은 똑같이 사려 깊고 세심하게 계획된 것이었음을 말한다. 그것은 예기치 못한 사건에 대한 우연한 반응이 아니라 의도적으로 한 상징적 행동으로, 그 각각에는 의미가 있다.

예수님과 예루살렘

워싱턴 근교에서 그 도시의 한 복판에 갈 생각이라면 나는 버스를 탈 것이다. 리무진을 빌려서 그 위에 대통령의 깃발을 높이 달고 야단스런 자동차 행렬에 둘러싸여 진입할 계획은 세우지 않을 것이다. 이것은 예수님이 수도인 예루살렘에 도착했을 때 하셨던 것과 아주 흡사하다. 예수님이 이같은 방법을 택하신 것은 갑자기 피곤이 엄습해서 지나가던 나귀 위에 올라타신 것이 아니다. 예수님은 나귀 새끼가 거기에 있게끔 계획하셨고, 제자들에게 그 주인에게 가지고 갈 올바른 사명을 알려 주셨다는 사실을 마가는 우리에게 알려 주고 있다. 모든 사람은 스가랴의 예언을 알고 있었다. 하나님의 왕이 마침내 예루살렘에 오실 때 그는 '...나귀를 타시나니 나귀의 작은 것 곧 나귀 새끼니라" (슥 9:9)를 알았다. 온전한 정신의 사람이라면 그 누구도 이런 식으로 도시에 들어가지 않는다. 그것은 대통령의 리무진을 빌려 타고 워싱턴에 진입하는 것과 같다. 자신이 대통령이 아니라면 그것은 진짜 미친 짓이기 때문이다.[4]

군중은 물론 예수님이 말씀하시는 것을 정확하게 알았고 적당한 말로 예수님의 방문에 박수갈채를 보내었다. "찬송하리로다 오는 우리 조상 다윗의 나라여 가장 높은 곳에서 호산나 하더라"(막 11:10).

이제, 다윗의 아들로서의 권리를 주장하며 지난 오랜 세월 동안 예루살렘이 학수고대하던 왕이신 예수님이 오셨다. 하나님의 백성 가운데서, 하나님의 도시에서 자신의 왕좌를 차지하시려고 오신 하나님의 왕이 여기에 계신다. 이미 예수님이 하나님 나라의 도래에 관해 하셨던 말씀과 함께 이 분이 왕이시다. 그 자신의 수도 예루살렘에서 보좌에 앉으시려는 왕이 오신 것이다.

예수와 무화과나무

무화과나무는 어떠한가? 예수님이 갑자기 허기를 느끼셨던 걸까? 무언가 먹을 것을 찾아 두리번거리다가 열매가 없는 무화과나무를 보고는 홧김에 나무에 저주를 퍼부은 것인가? 그렇지 않다. 마가는 예수님이 그 때가 적절한 시기가 아님을 아셨다는 것을 우리에게 알려주려고 애를 쓴다. 예수님은 바보가 아니셨다. 겨울에 열매 없는 사과나무를 보고 우리가 놀라지 않는 것처럼 예수님 또한 무화과나무에 과실이 없음에 놀라지 않으셨다.

여기에 다시 구약 성경이 중요한 배경으로 대두된다. 한 가족이 함께 과수원을 돌봐야 하는 농경 사회에서 시든 무화과는 이스라엘에 대한 하나님의 심판을 명확하게 상징한 것이다.[5] 듣기에 불편하고 예수님과 친해지지 못하게 하는 이야기, 즉 비유의 핵심은 심판의 순간이 임박했다는 것이다.

이스라엘의 왕은 열매를 보려고 오시지만 아무런 열매도 발견하지 못하고 국가는 불모지가 될 것이다. 예수님의 백성인 이스라엘은 이제 진정한 왕을 인정하지 않은 죄에 대해 야훼 하나님의 심판을 받지 않을 수 없다.

예수님과 성전

급기야 예수님은 가장 돌발적인 행동을 감행하신다. 유월절, 예루살렘에 사람들이 모여들며 기대에 찬 긴장감이 감돌 때, 예수님은 성전 뜰로 뚜벅뚜벅 걸어가서 성전을 지름길로 이용하는 자의 길을 막고, 희생 제물로 바칠 동물들을 파는 상인들을 쫓아내고, 외화를 유대 돈으로 환전해주는 사람들의 상을 엎으신다. 눈 깜짝할 사이에 예수님은 성전의 일상적인 비즈니스를 확실하게 중단시킨다. 간결하고 박력 있는 연설을 하신 후 예수님은 떠나시고, 시위는 시작과 동시에 끝났다. 당국자들에게 반응을 보일 잠시의 시간도 허락하지 않았다. 대부분의 학자들은 오늘날 예수님의 이 짧지만 도전적인 행동 때문에 결국 십자가에 못박히셨다는 사실에 동의한다.[6] 도대체 그런 행동은 정확하게 무엇을 의미하는 것인가?

이 사건에 붙여진 제목은 '성전 청소' 이며, 예수님의 주 관심사는 더렵혀진 부분을 깨끗하게 하여 청결을 회복하고 거룩한 예배 장소로 갱신하는 것이었다. 과연 예수님은 거룩한 장소에서의 부정한 돈 거래에 반기를 들기 위해 올라가신 것인가? 기도의 장소인 성전에서 장사하는 것을 목격한 후 예수님은 거룩한 분노를 터뜨리고 하나님을 향한 넘치는 열정으로 성소에서 부패한 상인들을 쫓아내신 것일까?

그렇지 않다. 이것까지도 철저히 계획된 것이다. 불시에 습격했다는 선입관을 제거하기 위해 마가는 예루살렘에서의 첫날 저녁 예수님이 성전에 들어가셔서 먼저 주변을 살펴보신 후 베다니로 가셨다고 기록한다. 전통적인 유대 순례자로서 예수님은 성전에 여러 번 와 보셨고 거기에 무엇이 있는지를 훤히 알고 계셨다. 성전 뜰에 상인들이 비치한 진열대는 성전의 가구에다 비교적 최신형의 장식을 덧붙이는 것일 뿐 크게 충격적인 사건은 아니었다.

모든 유대인처럼 예수님은 성전의 목적은 제물–성전 존립의 이유–임을 아셨다. 제물을 드리려면 동물, 채소 혹은 향료를 가지고 있어야만 한다. 희생 제물은 특별한 통화, 세겔로 구매해야만 한다는 규칙이 공포되었다. 결과적으로 제물을 바치고 싶어 하는 모든 순례자들은 자신의 돈을 이 특별한 성전의 화폐로 바꾸어야 했다. 따라서 환전은 전체 시스템의 중요하며 필요한 부분이었다. 게다가 그들이 유난히 부패했다는 암시를 어느 곳에서도 찾을 수 없다. 다른 무엇인가가 있었던 것이다.

성전은 이스라엘의 정치적, 종교적 생활의 핵심에 자리 잡고 있었다. 오늘날에도 여전히 종교적인 유대인은 옛 지성소에 가듯이, 가장 가까이에 있는 예루살렘의 서쪽 성벽에서 매일 기도하고 토라를 읽기 위해 모인다. 대부분의 극단주의 유대인 그룹들은 오늘날 옛 성전 자리에 서 있으면서 그곳에 세 번째 성전을 건축하는 무슬림 사원을 파괴하겠다는 위협을 하는데, 이는 세계 제3차 대전에 불을 붙일 수 있는 가장 효과적인 행동이다. 1990년대 후반 이스라엘을 황폐케 한 격렬한 충돌은 악의 없는 듯한 두 가지 사건, 즉 성전 산 아래의 문을 개방하는 것과 이스라엘 정치가가 그 장소에 방문한 것에 의해 시작되었다. 오늘날에도 여전히 이곳은 갈등의 도화선이며, 긴장감이 넘치는 장소로 존재한다.

예수님 당시에도 성전은 유력한 상징물, 혹은 논쟁의 상징이었다. 그것은 거대한 건축물로 솔로몬 성전의 자리에 가로 세로 500 x 300미터의 크기로, 도시 면적의 6분의 1에 해당하는 장방형의 뜰 안에 세워져 있다. 시온산이라고 불리는 이 언덕은 지구상의 모든 장소 중에서 유일하게 하나님이 거하기로 선택하신 곳이다(시편 87편, 132편 13~18절 참조). 매일 백성의 죄를 위해, 그리고 감사와 예배를 위해 희생제물이 드려지던 장소였다. 그곳은 또한 모든 다른 국가들과 구별되는 이스라엘의 독특성과 구별성의 상징–다른 어떤 도시에도 그 중심에 하나님이 거하시는 성전이 없다–이기도 했다.

우리가 종교적인 장소를 상상할 때, 웅장한 대성당, 엄숙함과 경외감, 발꿈치를 들고 걸으며 소곤거리는 사람들을 연상할 것이다. 하지만 예루살렘 성전은 완전히 다르다. 이 성전은 시끄럽고 활기에 찬 곳이다. 큰 소리를 지르고 물물교환하며 활발한 토론이 이루어지고, 제물이 드려지는 중심부엔 피가 뿌려진 벽들과 동쪽 해 아래엔 죽은 동물들의 악취가 진동을 하였다.

성전 가장자리에는 제물로 쓸 동물들을 살 수 있는 가려진 주랑(柱廊)현관(여러 개의 기둥을 나란히 세운 현관)에서 헬라나 로마의 통화가 세겔로 환전되었다. 그 안에는 누구든지 교제할 수 있는 크고 개방된 뜰이 있었다. 중앙에는 성전이 서 있고 유대인만 통과할 수 있는 문–이방인들은 이 지점에서부터 출입금지–으로 들어가게 된다. 이 문 안엔 여성의 뜰이 있는데, 여자들은 여기까지만 출입이 허용되었다. 이 뜰 너머엔 유대 남자만 들어갈 수 있는 곳인 이스라엘인의 뜰이 있었다. 그 너머엔 제사장들만 지나갈 수 있는 영역이 있고, 그 다음에는 마침내 이 건축물의 핵심인, 대제사장만 일 년에 한 번 속죄일에 향을 피우기 위해 들어갈 수 있는 지성소가 있었다.

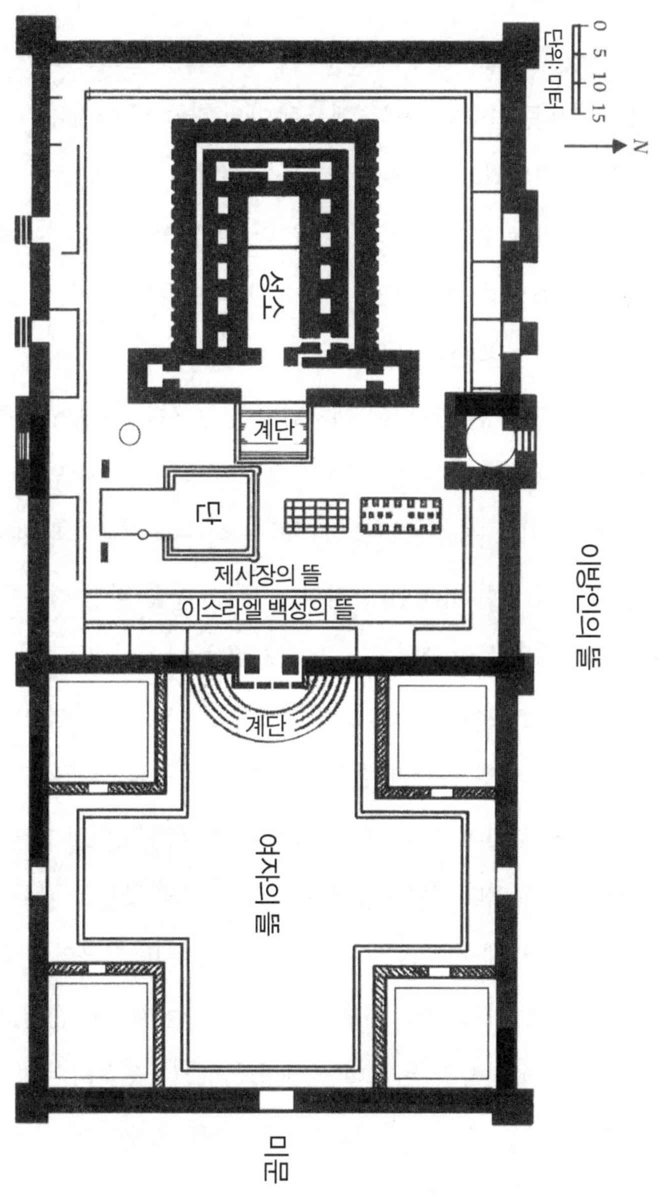

그림 3.1 예수님 당시의 예루살렘 성전

다시 말하면, 전체 성전 구조는 배제라는 원칙하에 세워졌다. 연속적으로 이방인, 여성, 제사장 아닌 자들 및 심지어 제사장 자신도 제외되었고, 대제사장만이 유일하게 지성소에 들어갈 수 있도록 허락되었다. 이러한 구조의 원래 의미는 하나님의 거룩함을 강조하려는 것이었다. 하지만 의도와는 달리 이스라엘을 분열시키는 결과를 낳았다.

이러한 배경과 관련해 예수님이 성전 시위 도중 언급하신 말씀에는 상당한 시사점이 있다. 그는 이방인이 하나님의 성전(사 56:7)에서 거할 곳을 발견할 것이라는 이사야의 예언과, 예레미야의 성전에 대한 유명한 항의의 말(렘 7:1~11)을 직접 인용한다. 예수님의 불평은 정확히 성전인 "내 집은 만민이 기도하는 집' 인데, "너희는 강도의 소굴을 만들었다는"(막 11:17) 것이었다. 환언하여, 이스라엘 신앙의 중심부에 서서 민족적인 제사장에 의해 운영되는 성전의 건축물이 의도치 않게 국가의 배타성의 상징이 되었다는 것이다. "이방의 빛으로 삼아 나의 구원을 베풀어서 땅 끝까지 이르게 하리라"(사 49:6)의 백성은 이방인과의 분리에 그 중심을 두었다. 그들의 유일한 관심은 그들 자신의 순결, 민족적 경계선을 유지하고, 나그네를 환영하기보다 오히려 추방하는 것이다. 성전은 하나님의 나라에 이방인을 포함시키는 것이 아니라 그들에게는 저항의 상징이 되었다.[7]

성전에 대한 예수님의 항의는 이스라엘 백성의 영혼 깊이 침

투한 민족주의에 반대하는 공식 선언이었다.[8] 성전은 유대인의 민족 중심과 생존을 위한 희망의 상징이었다. 그들에게는 성전이 서 있는 한 모든 것이 잘되었다. 마치 바벨론 유배와 멸망의 재앙 전 예레미야 시대에 있었던 것처럼, 성전은 안전을 보장하는 것이었다. 예수님이 보시기에 동일한 상황이 벌어지고 있었다. 그것이 사두개인의 성전 예배 방법이든, 철저한 금욕주의자들이나 민족적 종교적 순결을 부르짖는 바리새인의 것이든, 혹은 로마에 대항하여 무장한 열심당원의 것이든, 이 모든 것들은 국가의 정체성과 분리에 초점을 두고 있었다. 그 중 어느 것도 하나님의 방법이 아니었다. 성전의 소굴에 사는 '강도들' 은 사실 환전상이 아니라 오히려 모든 민족이 누려야 할 것을 자신들이 독차지했던 '대제사장과 율법사들' 이었다. 그들은 예수님의 행동이 자신들을 겨냥한 것임을 알았다. 마가복음의 끝 부분에 기록된(막 11:18), 예수님을 살해할 생각을 품기 시작한 자들은 환전상이 아니라 바로 그들이었다는 사실은 놀랄만한 것이 아니다.

예수님이 이스라엘을 비난한 것은 결코 반유대주의에서 나온 것이 아니다. 그것은 그 민족에 대한 사랑, 이스라엘의 하나님에 대한 충성, 하나님이 택하신 백성에 대한 우려에서 나온 것으로, 예수님은 심판이 이루어진 뒤에 도래할 하나님의 나라에 들어오라는 초청을 하신 것이었다. 이것은 구약 성경의 위대한 선지자들의 행동과 다를 바가 없다. 반유대적 논쟁이 아닌 유대인의 토론이었다. 그럼에도 불구하고, 예수님의 메시지에는 단호한 그 무엇이 있었다. 그 의미를 깨달은 사람들은 예수님의 이러한 행동을 이스라엘의 옛 선지자들에 의해 실증된 메시지와 연결시켜 임박한 성전의 멸망에 대한 예언으로 받아들였다. 성전은 정확하게 주후 70년 로마인의 대형망치, 즉 투석기에 의해 무참히 함락되고 말았다.

예수님은 다윗의 아들, 하나님의 왕으로 예루살렘에 오셨다. 그가 성전을 다시 지을 수 있다고 주장한다는 소문이 돌았다.[9] 성전 재건은 약속된 왕만이 할 수 있는 일이었다.[10] 이 성전의 시대는 거의 끝났다. 완전히 새로운 차원의 성전이 임할 때가 왔다. 하나님이 이 땅에서 그의 통치를 시작하셨을 때 의도하신 대로, 이제 이방인들은 하나님의 백성으로 들어와야 한다. 요엘 선지자가 예언한 것처럼, 하나님은 특정 지역이 아니라 온 땅에, 그의 백성 가운데 거할 것이다.[11] 성전이 제공했던 모든 것, 하나님의 임재, 용서와 하나님과의 화해, 하나님의 택하신 백성의 중심 장소는 이제 예루살렘 성전 건물이 아니라 인간 예수 자신 속에서 발견된다.[12] 예수님은 그 자신의 인격 속에, 그리고 그를 따르기로 결정하는 사람들 속에 하나님이 거하시는 곳인 참된 성전을 건축할 왕이시다. 예수님이 받으신 환영은 놀랍게도 하나님의 왕이 자신임을 주장하며 자신의 왕좌를 차지하려고 왔으나 단호히 거절당한 것으로 드러난 것이다.

인자의 오심

젊은 신학도로서 신약 성경을 연구하면서 예수님의 생애와 그 배경에 관한 책들을 읽고 있을 때, 반복적으로 생각난 한 구절이 있었다. 그것은 수 세기 전 유대인 저자에 의해 묘사된, 신비한 비전이 담긴 다니엘서였다. 그 비전을 통해 저자는 위대하며 신비로운 한 인물을 보았는데, 곧 불의 보좌에 눈부시도록 하얗게 빛나는 옷을 입은 '옛적부터 계신 이' 인 하나님 자신이었다. 그 다음엔 다른 인물인 한 인간이 나타난다.

> 내가 또 밤 환상 중에 보니 인자 같은 이가 하늘 구름을 타고 와서 옛적부터 항상 계신 이에게 나아가 그 앞으로 인도되매 그에게 권세와 영광과 나라를 주고 모든 백성과 나라들과 다른 언어를 말하는 모든 자들이 그를 섬기게 하였으니 그의 권세는 소멸되지 아니하는 영원한 권세요 그의 나라는 멸망하지 아니할 것이니라(단 7:13~14).

후에 나는 예수님 생애의 절정에 관한 마태의 기록이 흥미를 자아낼 정도로 이와 유사함을 깨닫게 되었다. 재판 때 예수님은 시종일관 자신을 '인자' 라고 부르셨다. 이것은 그의 원수들이 다니엘의 이야기에서처럼 "…이 후에 인자가 권능의 우편에 앉아 있는 것과 하늘 구름을 타고 오는 것을…"(마 26:64) 볼 것을 예언한다. 당연히 대제사장은 격분하였다. 그는 예수님이 하신 말씀이 구약 성경에 그대로 기록되어 있다는 사실을 충분히 잘 알고 있었다. 마태복음의 마지막 장면에서 예수님은 제자들을 떠나신다. 예수님이 하나님 앞에 나가실 때 그 또한 '하늘과 땅의 모든 권세'를 부여받는다. 그리고 이것 때문에 그의 추종자들은 '가서 모든 족속으로 제자를 삼을 수' 있는 것이다(마 28:16~20).

반응은 틀림없고 신중하다. 하지만 마태복음에선 두 가지 큰 변화가 일어난다. 첫째, 하나님의 권위와 나라를 받는 자는 이스라엘이 아니라 예수님이다. 그는 하나님을 대신하여 세상의 모든 국가들을 통치하는 분이시다. 현재 하늘과 땅의 모든 권세를 소유한 인자는 대부분의 1세기 유대인들이 기대했던 것처럼 이스라엘 국가가 아니라 예수님 자신이다.

둘째, 왕의 즉위식은 지연된다. 다니엘서에서 인자는 즉시 그의 권위의 자리를 차지한다. 하지만 마태복음에서 예수님의 왕권은 예수님이 명령하신 모든 것에 순종하기를 배우는 제자들의 훈련을 통해 실증될 수 있다. 세상이 끝나기 전, 현재 시간의 의미는 세상을 다스리는 예수님의 권위(그에게 주어진 하나님의 권위)가 전파되고, 삶에서 나타나며, 실증되고 학습되어져야 한다. 모든 국가와 민족은 예수님의 주권 하에 초대되어 하나님의 참된 왕이라는 예수님의 주장을 인정해야 한다. 그의 추종자들은 그가 모든 국가의 충성을 받기에 합당한 진짜 왕이기 때문에 모든 족속에서 제자를 배출해야 한다. 예수님은 하늘과 땅의 주님이시며, 다니엘이 꿈에 본 분이시며, 그 안에 하나님의 통치가 임한 분이시다.

하나님 나라와 복음

예수님의 사역은 전혀 기대하지 않은 방식으로 최고조에 달했다. 그는 왕위에 오르셨지만 왕좌가 아닌 십자가 위로 올라가셨다. 그는 하나님의 적과 자기 백성들을 패배시켰지만, 그것은 로마인이 아니라 오직 그의 십자가의 죽음을 통해서만 정복될 수 있는 죄의 권세와 죽음과 지옥인 것으로 드러났다. 하나님의 왕이라는 그의 주장은 대중의 환호에 의해서가 아니라 그가 죽음에서 부활하여 영광스럽게 하나님의 우편에 앉을 때 하나님이 인정하심으로써 그 정당함이 입증된다.[13] 예수님은 하늘과 땅의 주님이 되셨지만 그의 나라는 이 세상에서 발견되는 다른 어떤 나라와도 같지 않다. 데살로니가에 있는 유대인들이 도시 관리들에게 불평했을 때 그들은 하나님 나라를 올바르게 이해한 것이다. "…이 사람들이 다 가이사의 명을 거역하여 말하되 다른 임금 곧 예수라 하는 이가 있다 하더이다 하니"(행 17:7). 이것은 본질적으로 좋은 소식이다. 즉 예수 그리스도께서 하나님의 왕으로 오신 것과, 그의 적들과 인류의 적들이 결코 회복될 수 없는 치명타를 입었다는 사실이다. 초대 그리스도인들은 이러한 메시지를 '예수는 주님이시다' 라는 세 마디 말로 요약했다.

예수님은 병 고침, 용서, 하나님과의 화목, 개방된 공동체, 축제 및 새롭게 건축된 성전을 제공하셨다. 이 모든 것은 이스라엘의 포로생활에 종지부를 찍는 것이고, 마침내 하나님의 통치가 가까이 왔다는 증거이다. 당신이 이러한 것들을 발견할 때 하나님이 주관하신다는 것을 알게 될 것이다. 그것은 세상이 하루 밤 사이에 변화된다는 것이 아니라 여기 이 한 사람을 통해 하나님은 세상에 다시 그의 왕국을 건설하신다는 것이다. 그리고 이어 예수님의 영을 선물로 주심으로써 그의 공동체의 일원들은 예수님처럼 행동하고 예수님을 닮아가기 시작한다.

다음 장에서 이 모든 것이 전도와 교회에 어떤 의미를 지니고 있는지 좀더 자세히 고찰할 것이다. 이 장을 마무리하면서 예수님이 가지고 오신 왕국의 개략적인 그림을 그려보는 것이 좋을 듯하다.

1. 이 나라는 모든 민족에게 개방되어 있다. 그 당시 유대교가 민족주의에 빠져있었기 때문에 예수님은 유대교에 시비를 거셨다. 이스라엘은 하나님의 메시지를 땅 끝까지 전해야

하는 '이방인의 빛' 이 되라는 부르심을 잊어버렸다. 성전과 달리 예수님이 말하는 하나님 나라는 유대인과 이방인, 남자와 여자, 제사장과 제사장이 아닌 자를 포용할 능력을 지닌다. 그 나라는 모든 민족, 모든 국가, 모든 인종 및 남녀에게 공히 열려 있다.

2. 이 나라는 다르다. 예수님이 새끼 나귀를 타고 예루살렘 입성을 원하셨을 때, 이것은 그의 나라는 평화의 나라라는 확실한 메시지였다. 다른 현대적 국가들은 도전적이고 군국주의적이지만, 예수님의 나라는(스가랴서에 나온 대로) "…에브라임의 병거와 예루살렘의 말을 끊겠고 '전쟁하는 활도 끊으리니' …" 이며, 그리고 "그가 이방 사람에게 화평을 전할 것이요" (슥 9:10)이다. 그의 나라는 다를 뿐만 아니라 예수님은 놀라운 방법으로 왕이 되신다. 그의 보좌는 십자가이며 그의 왕관은 가시로 엮어져 있다. 예수님은 로마의 십자가에 못박히실 때만 '유대왕' 으로 선포되었다.

이 왕은 다른 왕과는 확실히 구별되는 왕이다. 그의 나라에서는 아주 다른 차원의 가치들이 지배적이다. 이 왕국은 일반적인 인간의 통치 행태인 과시적인 권력이나 부와 지위로 인식되는 것이 아니다. 대신, 이 나라는 온유, 자비, 가난, 마음의 청결, 관대, 친절, 사랑 및 용서에 의해 특징지어진다. 그 나라의 중심적인 상징은 세상 도처에서 온 사람들이 기쁨과 환영 속에서 함께 교제를 누리도록 식사 초대에 응하는 것이다.[14] 만약 '왕국'과 '통치'라는 단어가 온갖 권력과 지배권을 불신하는 포스트모던 시대에서 무거운 권위주의적 냄새를 풍긴다면, 포스트모던 세계는 하나님의 강력하고도 부드러운 통치에 대해서보다 우리의 나쁜 정부에 대해 더 많은 말을 하고 있는 것이다. 그 말들이 예수님의 입에서 나올 때는 다른 의미, 즉 권력과 압제가 아닌 사랑과 인자와 기쁨의 통치로 우리를 인도한다는 것을 배워야 한다. 이 나라의 시민이 된다는 것은 완전히 새로운 차원의 가치, 완전히 새롭게 변화된 삶의 양식을 배운다는 뜻이다.

3. 그 나라는 행동에 의해 실증된다. 예수님 사역의 중심은 그분의 가르침에 있고, 그분의 행동(예컨대 그의 기적과 우리가 여기에서 본 행동화된 비유 같은)은 부차적인 것이라고 말한다. 하지만, 사실은 그 반대이다. 예수님은 어떤 새로운 사상을 가르치려고 온 것이 아니라 하나님의 나라를 소개하시려고 온 것이다. 그분의 말씀은 사실상 자신의 행동에 대한 해석에 지나지 않는다. 예수님의 말씀은 그분이 병자를 고치고, 죽은 자를 살리고, 물 위를 걸으며, 성전에서 충돌하고, 죽음을 향해 가실 때 무슨 일이 일어나고 있는가에 대한 의미를 설명한 것이었다. 이 모든 것은 하나님의 나라가 가까이 임

하였고, 포로 시대가 이제 끝났으며, 하나님이 다시 통치하러 오셨음을 알리는 신호였다. 예수님의 가르침은 이러한 행동의 의미를 도출하여 들을 귀 있는 자들이 그 의미를 깨닫도록 돕는 것이었다. 이것은 전도에 있어서 말씀과 행동 간의 관계를 이해하는 데 중요한 시사점을 내포한다. 이 문제는 다음에 다루기로 하겠다.

4. 이 진짜 왕에 대한 인정은 다른 왕들을 거절하는 것을 의미한다. 하나님 나라에 대해 예수님이 공표하신 것은 죽음 이후의 삶이나 내면으로의 영적 여행(비록 이 둘 다 포함되었지만)이 아니었다. 물론 예수님이 이 생애 후 하나님의 임재를 누리는 길을 제시하지 않은 것은 아니었다. 하지만, 첫째로, 하나님 나라는 변화와 지금 여기에서의 우선순위와 충성의 대상을 수정하는 것을 의미한다. 그것은 하나님의 나라가 부분적으로 도래하였고 어느 날 완전하게 임한다는 사실에 비추어서 현재를 살아가는 것을 뜻한다. 하나님의 왕으로서의 예수님에 대한 충성은 그분의 인격과 스타일을 반영하는 생활 양식을 배우는 것을 의미한다. 그것은 왕이라고 주장하는 자들의 주권을 거절하는 것을 뜻한다. 헤롯은 자신이 '유대인의 왕'이라고 생각했지만 예수님의 추종자들은 결코 그를 왕으로 받들지 않았다. 시저도 자신을 '주'로 불렀지만 예수님을 따르는 자들은 그 주장에 저항할 수밖

에 없었다. 예수님만이 주님이시기에 우리는 그의 길을 따라야 한다. 그래서 예수님이 하나님 나라를 건설하는 데에는 정치적, 물질적, 논쟁적 성격이 수반되었다. 그가 하나님의 왕이라면 다른 어떤 왕도 존재할 수 없다.

예수님의 메시지가 그 당시 혁명적이었던 것처럼, 하나님 나라에 대한 예수님의 말씀 속엔 오늘날 우리가 알아야 할 지역 교회 전도에 관한 혁명적인 내용이 있다. 다음 장에서부터 조금씩 고찰해 나갈 것이다.

참조

1. 예컨대, 마태복음 18장 23절, 22장 2절; 마가복음 4장 26절과 30절.
2. 이와 같은 짧은 장에선 그러한 주제를 철저하게 연구할 여지가 없다. 관련 학자들의 책은 George R. Beasley-Murrat의 〈예수와 하나님 나라〉(Jesus and the Kingdom of God), Grand Rapids, MI: Eerdmans, 1986; Bruce Chilton, 〈순수한 나라: 하나님에 대한 예수님의 비전〉(Pure Kingdom: Jesus' Vision of God), Grand Rapids, MI: Eerdmans, 1996; Wendell Willis (ed), 〈20세기 해석의 하나님의 나라〉(The Kingdom of God in Twentieth-Century Interpretation), Peabody, MA: Hendrickson, 1987; N. T. Wright, 〈예수와 하나님의 승리〉(Jesus and the Victory of God). London: SPCK. 1996 등이 있다.
3. N, T. Wright 〈예수와 하나님의 승리〉(Jesus and the Victory of God), 203
4. 스가랴는 사무엘 7장에서 다윗에게 한 약속에 관해 언급하고 있다. 스가랴 9장 10절은 다윗 혈통에 대한 영원한 왕국의 약속을 가장 명확하게 표현한 시편 중 한 편

인 72편 8절로부터 직접 인용한 것이다. 스가랴서 9장은 하나님의 '이제 내가 지킬 것이기 때문에 다시는 압제자가 내 백성을 침략하지 못할 것이다' 라는 약속의 말씀을 기록한다. 예수님이 성전의 북쪽 꼭대기보다 더 기세등등했던 로마 권력의 상징 안토니아 요새의 보호 하에 예루살렘에 입성하셨을 때, 그의 행동은 지금 하나님이 다시 한 번 이스라엘의 왕이 되심을 시사하는 것으로 해석할 수 있다.

5. 이사야 34장 4절; 예레미야 5장 17절, 8장 13절,; 호세아 2장 12절; 요엘 1장 12절; 아모스장 9절.
6. Sanders 〈예수와 유대주의〉, London: SCM, 1985, 61~71. 마가복음 14장 58절에서, 예수님은 성전을 헐겠다고 위협한 것에 대해 재판받으심.
7. Marcus J. Borg를 보라. 〈갈등, 거룩함, 그리고 정치〉(Conflict, Holiness and Politics), New York, NY: Edwin Mellen, 1984, 175~7.
8. Wright 〈예수〉(Jesus) 9장과 Peter W.L. Walker 〈예수와 거룩한 도시: 예루살렘의 신약 성경적 전망〉(Jesus and the Holy City: New Testament Perspectives), Grand Rapids, MI: Eerdmans, 1996, 277.
9. 마가복음 14장 58절과 요한복음 2장 19절.
10. 사무엘하 7장 13절을 보라.
11. 에스겔 36장 26절, 요엘 2장 28절과 29.
12. Wright 〈예수〉(Jesus), 436.
13. 마태복음 26장 64절과 사도행전 2장 23절을 함께 읽어보라.
14. 마태복음 8장 11절, 누가복음 13장 29절과 14장 15절에서 24절까지를 보라.

매력적인 교회 The Provocative Church

하나님 나라, 교회, 전도

4장
하나님 나라, 교회, 전도

예수님은 하나님 나라를 출범시키러 오셨다가 교회를 세우는 것으로 끝을 맺었다. 하지만 이러한 사실은 대단한 것으로 들리지 않는다. 예수님은 정말로 교회를 세우실 계획이셨을까? 혹은 잘못된 길로 들어선 중국의 험담 게임 같은 실수는 아니었을까? 오늘날에도 논쟁은 계속된다. 대성당이나 노회 같은 것은 아닐지라도 예수님이 하나님 나라의 비전을 실현하고 죽음 이후에도 계속 사역을 이어갈 헌신된 사람들의 작은 공동체를 마음에 그리셨다는 증거가 있다.

우선, 예수님이 이스라엘의 12지파에 상응하는 12제자를 선택하셨다는 사실은 결론적으로 그가 적은 무리의 추종자들을 새롭게 구축된 이스라엘로 간주하셨다고 볼 수 있다는 것이다. 돌아가시기 전날 밤, 빵과 포도주를 나누었던 유월절 식사에서 그 절정을 이룬 추종자들과의 식탁 교제는 다시 한 번 동일한 예로 지적될 수 있다. 예수님이 이스라엘에 대한 이 새로운 비전을 자신이 죽은 후 어떤 방법으로든 계속될 것이라는 점을 상상하지 않고 시작했다면 이상하게 들릴지 모른다. 예수님은 아마도 자신이 가르쳤던 삶의 방식대로 살아가며 그에게만 충성하고, 서로 용서와 사랑을 나누며 로마에 대한 무장 저항을 중지하고, 위기의 순간에는 열심당원이나 바리새인, 사두개인 및 금욕주의자들과는 전혀 다른 접근 방법을 택하며, 이스라엘의 도시와 마을에 모여서 교제하는 작은 그룹을 상상하셨을 것이다.[1)]

수 세기 후에 출현할 위대한 교회에 대해 예수님이 어떻게 상상하셨을까를 생각해 보면 퍽 흥미로운 일이다. 그 교회는 예수님이 생각했던 식의 소그룹과는 아주 다르게 보인다. 앞서 하나님 나라에 대한 예수님의 선포와, 거절당하고 최후의 변호를 한 참된 왕으로서 예루살렘에 입성한 예수님 생애의 절정기를 살펴보았다. 그 다음 단계는 이것이 교회를 위해 어떤 의미가 있는지, 다시 말하면, 교회와 하나님 나라가 서로 어떤 관계에 있으며 그것이 전도에 대해 무엇이라고 말하고 있는가라는 중요한 질문을 던지는 일이다. 예수님의 사역의 특별한 상황에서부터 시작해서 이제 이전 장에서 거론되었던 주제 가운데 얼마를 논하기로 한다. 마르틴 루터에게 드리는 사과와 함께, 이 장의 나머지에서 10가지(95개항이 아니니 안심하시라) 항을 제시하고 그 모두가 교회, 하나님 나라, 복음 및 전도를 위해 무엇을 의미하는지 논할 것이다.

1. 복음은 그리스도의 주권에 그 중심을 둔다

12명 정도의 그리스도인들을 모이게 한 후 복음의 핵심이 무엇인지 물어보라. 아마 당신은 사람 숫자만큼 다양한 해답을 얻게 될 것이다. 상당한 정서적, 신학적 에너지가 복음의 정의를 내리는 데 소모되고 있다. 하지만 이 질문에 대한 일치된 답을 제시하는 것은 가능하다(마땅히 그러해야 한다). 이미 우리가 깨달은 바가 진실에 가깝고 예수님의 사역이 실제로 하나님 나라의 도래에 초점을 맞추었다면, 초대 교회 그리스도인들이 외친 간결한 문구인 "예수는 주님이시다"[2]라는 말은 복음의 핵심을 정확하게 요약한 것이다. 예수님은 온 세상을 주관하는 하나님의 왕이시며 하나님과 인간을 대적하는 권력들을 멸절시키셨다. 그는 최종적인 결정을 하는 분이시다. 예수님은 대통령이나 수상, 죄의식이나 근심, 질병이나 죽음이 아닌 궁극적인 통치권을 갖고 계신다.[3]

대속, 성육신 및 성령과 같은 주제들은 기독교 신학의 중요한 기초 요소들이다. 하지만 복음 선포의 핵심을 찾고 싶다면 그리스도의 주권이 역사적으로나 신학적으로나 핵심이며 다른 교리들은 이것을 중심으로 연합을 이룬다.

예컨대, 용서의 길인 십자가의 교리는 이 구조에 잘 맞는다. 그리스도의 주권을 반대하는 자들이 용서받고 무죄가 될 수 있을까? 용서는 값싼 것이 아니다. 반역자들은 누군가가 죄의 값을 지불할 때만 진실해지고 고귀한 시민이 될 수 있다. 따라서 대속이 그 해답을 제공한다. "그리스도께서도 단번에 죄를 위하여 죽으사 의인으로서 불의한 자를 대신하셨으니 이는 우리를 하나님 앞으로 인도하려 하심이라 육체로는 죽임을 당하시고 영으로는 살리심을 받으셨으니"(벧전 3:18). 성령의 교리도 이와 꼭 같다. 실패를 거듭하며 상처를 입은 사람들도 그리스도의 주권 하에서 힘 있게 살면서 하나님 나라의 생명력을 분출시킬 수 있을까? 이는 예수님의 영으로 충만해지고 "…그와 같은 형상으로 변화하여 영광에서 영광에 이르니 곧 주의 영으로 말미암음"(고후 3:18)으로써 가능하다. 성육신 또한 마찬가지이다. 이 '주' 예수님이 어떻게 이스라엘의 하나님이 선택한 유일하며 참되신 '주'와 관계가 있는가? 성육신이 그 해답이다. 즉 예수 안에서 인간이 하나님께 가까이 갈 수 있는 정도가 아니라 하나님 자신의 완전한 형상, 어떤 의미에선 하나님의 본질을 나눈 분을 보는 것이다(후에 더 자세히 다룰 것임). 이 간단한 진술을 통해서도 기독교 신학이 '예수는 주시다!'란 그리스도인들의 주장을 중심으로 확립된다는 사실을 깨달을 수 있을 것이다.

여러 세기 동안 교회는 하나님의 존재와 실재를 믿는 문화권에서 그 영향력을 행사해왔다. 한 예로 중세기 대부분의 유럽인들은 하나님이 존재하시며, 그가 그들이 행한 모든 것을 보시며, 그리고 죽은 후에 그 행위대로 심판하실 것이라는 사실에 추호의 의문도 품지 않았다. 그래서 당시 중요한 질문은 어떻게 이 심판을 통과할 수 있는가 혹은 더 기술적으로 말하면, 어떻게 당신이 이런 하나님 앞에서 올바르게 혹은 '의롭게' 나타날 수 있는가 하는 것이었다. 종교 개혁 때는 어떻게 칭의가 일어나는가에 대한 질문이 논쟁의 중심이었다. 루터의 주장은 칭의가 그리스도인 삶과 신학–어떤 의미에선 모든 이들이 그것을 이미 알고 있었다–의 중심이 아니라는 것이었다. 죄에 대해 애통해 하며 하나님을 사랑하려고 무진 애쓰거나 혹은 종교적인 선한 행위를 함으로써가 아니라 오히려 단순히 하나님의 용서에 대한 약속을 믿음으로써 의롭다함을 얻게 된다는 것이다.

현대의 서구 교회는 심판자로서의 하나님에 대한 개념이 급속히 사라져가는 문화 속에 존재한다. 이러한 개념은 더 이상 대부분의 사람들의 사고 구조가 아닌 것이다. 많은 사람들이 그렇듯이 사람들이 믿는 하나님은 온화한 부모 같은 인물이며 실생활과는 다소 멀리 계시다. 하지만 하인리히 하이네(Heinrich Heine)가 언급했듯이, 고상한 사람들을 용서-그것이 그분의 일이기 때문에-하시는 분으로 여겨질 것이다. 결과적으로 오늘날 그리스도인들이 우선적으로 선포해야 할 것은 칭의의 메시지기보다는 오히려 왕권이나 하나님 나라에 관한 메시지이다. 하나님과의 화해의 방법에 관해 듣기보다는 먼저 하나님이 하늘과 땅의 창조주시며, 인생에 필요한 모든 것을 후히 공급하시고, 그의 피조물을 열정적으로 사랑하시며, 모든 악한 것을 증오하셔서 어느 날 그것을 멸할 것이고, 그분 안에서 진정한 생명과 기쁨과 평안을 누릴 수 있다는 진리를 깨달아야 하는 것이다. 그렇다고 의롭다함을 받는 일이 덜 중요해졌다는 뜻은 아니다. 변화하는 문화 환경 속에서 복음을 선언하고 실증하려고 한다면 다른 영역에서 시작할 필요가 있다는 말이다.

물론 복음에 대한 응답은 당신이 어디에 있든 항상 똑같다. 다른 형태를 띨 수도 있지만 그 내면은 늘 회개와 믿음이란 동일한 두 요소가 존재한다. 이것이 바로 예수님이 요구하신 것이다. "…때가 찼고 하나님의 나라가 가까이 왔으니 회개하고 복음을 믿으라 하시더라"(막 1:15). 사도들도 마찬가지로 "유대인과 헬라인들에게 하나님께 대한 회개와 우리 주 예수 그리스도께 대한 믿음을 증언한 것이라"(행 20:21)는 것이다. 누군가가 예수님은 하늘과 땅의 주님이시라는 복음을 붙잡게 될 때, 그 사실을 믿지 않고 살아온 것에 대한 회개와 동시에 그것을 믿고 예수님을 주님으로 모시고 사는 것 외에는 다른 반응이 일어날 수 없다.

2. 교회와 하나님 나라는 동일하지 않다

이것은 기본적인 사실이다. 중세기 후반의 교회는 교회 그 자체를 너무 큰 개념으로 받아들인 나머지 교회는 결코 하나님 나라에 근접하지 못한다는 사실을 망각하는 실수를 저질렀다. 결과적으로 교회는 그 영적 권위와 나란히 정치적, 군사적 권력을 휘두르기 시작하였고 오래지 않아 개혁을 필요로 했던 것이다. 만약 교회와 하나님 나라가 동일한 것이라면 교회는 사람들이 항상 용서, 사랑, 자비, 병 고침과 정의를 발견하는 곳이 될 것이다. 나는 교회에서 이따금 사회의 다른 영역에서보다 이러한 것들을 좀더 많이 목격한다. 하지만 어떤 교회도 현실적으로 아주 정확하게 그러하다고 주장할 수는 없을 것이다.

교회와 하나님 나라의 구별은 대단히 중요하다. 그 구별은 교회로 하여금 겸손과 자제력을 유지하게 하며, 또한 하나님의 계획안에서 특별한 역할이 있다고 과시하며 변질되는 우월주의의 위험성을 피해갈 수 있는 건강한 교정수단도 될 것이다. 그렇다고 교회와 하나님 나라가 서로 아무런 관계도 없다는 뜻은 아니다. 실제로 예수님의 사역이 하나님 나라에 초점을 둔 것이라면–예수님 자신의 삶과 죽음과 부활을 통해 지상에 확립되고 있었던–그리고 제자들이 계속해서 그 주제를 중심으로 만나기를 원하신다면, 교회와 하나님 나라의 관계는 매우 중요한 것임에 틀림없다. 사실 교회가 그 복음을 설명하고 선포해온 지난 세월 동안 하나님의 나라라는 주제는 그렇게 많이 다루어지지 않았다.

3. 예수님의 공동체는 예수님의 정당한 통치를 증거할 사명을 가지고 있다

예수님의 사역이 하나님의 왕으로서 그의 보좌를 주장하고 나라를 건설하러 오신다는 내용이라면, 교회는 세상 사람들에게 예수님은 하나님의 선택된 왕이시며 그의 피조물을 무시하고 노예로 만드는 모든 세력들을 무찌르셨다는 것과, 그의 왕국은 지금 여기에서 인식되어야 한다는 사실을 상기시켜주기 위해 존재하는 것이다. 하나님의 나라를 인정하지 않는 사람들과 사회와 이념에 둘러싸인 채, 교회는 그리스도의 주권 혹은 하나님의 통치를 증거하는 과제를 부여받았다. 이것은 새로운 왕에게 내키지 않는 피상적인 충성을 강요하는 제국주의적 십자군 형태를 의미하지 않는다. 그 의미는 훨씬 더 심오하다. 예수님을 주님으로 믿고 그분께 충성하는 것은 죄와 사망과 악을 멸절하신 그분의 승리를 경험하며 예수님이 선포하신 삶의 양식대로 살고, 산상수훈과 같은 말씀에서 표현되듯이 예수님의 인격과 행동에서 구체화된 하나님 나라의 가치를 따라 사는 것을 의미한다. 이것은 인간이 살아가야 할 방법이며, 또한 이러한 삶을 살도록 모든 사람들은 초대받아야 하는 것이다.

4. 교회는 하나님의 주권 안에서의 삶을 가시적으로 상기시켜주는 것이다

이러한 과제의 수행을 한 단계 더 진전시키기 위해 교회가 하나님의 자비로운 통치에 대한 증인이 될 수 있는 주요 방법은 그 통치 하에서 사는 것이 어떤 것인가를 효과적으로 일깨워주는 것이다. 죄와 죽음과 지옥의 권세를 이긴 예수님의 새로운 실체는 그 승리가 진실인 것처럼 사는 것을 배우며, 또한 그렇게 삶으로써 그것이 진짜임을 발견하는 공동체에 의해 실증될 수 있다. 교회는 하나님의 주권 아래에서 사는 것이 어떤 것이며, 예수님의 나라에서 생활하는 공동체는 어떠한가를 이해하고 느끼고 경험하는 장소를 의미하는 것이다. 레슬리 뉴비긴(Lesslie Newbigin)은 다음과 같은 적절한 질문을 제기한다.

> 복음이 믿을 만한 것이며, 인간사에 있어서 결정적인 발언을 한 능력이 십자가에 달린 한 사람에 의해 나타났다는 것을 사람들이 믿을 수 있을까? 나는 유일한 대답, 복음의 유일한 해석은 복음을 믿고 복음대로 사는 회중이라고 고백한다.[4)]

그가 뜻하는 바는, 복음이 외부 사람들에게 의미있는 용어로 해석될 수 있는 유일한 길은 특별한 장소에서 한 그룹의 그리스도인들이 복음을 생활화할 때라는 것이다. 교회가 사회적으로 존경할 만하며 법을 준수하는 사람들의 모임이라기보다는 오히려 1세기 팔레스타인 지방에서 발생한, 예수님이 상상했던 혁명적인 소그룹과 같이 될 필요가 있다. 교회는 예수님의 하나님 나라에 대한 비전을 따라서 살고 그분께 충성하고 그가 제자들에게 제시하셨던 생활 방식에 초점을 두는 공동체여야 한다. 밖에서 안을 들여다보았을 때, 교회는 예수님의 왕국을 떠올리게 하는 곳이 되어야 한다.

예수님 당시 예루살렘 성전은 열방을 향해 굳게 문을 닫아놓았기 때문에 거절당했다. 이제 하나님이 거하시는 참된 성전인 예수님이 예루살렘을 대신할 때가 왔다. 예수님은 만인에게 열려진 왕국을 가지고 오셔서 중앙 무대를 차지하신다. 이것은 교회가 계속해서 예수님을 교회의 중심에 임하시게 하고 문을 개방해야 한다는 것을 의미한다. 밖에서 교회에 접근하고자 하는 사람이라면 누구나 알고 있듯이, 교회가 그렇게 되는 일은 결코 쉽지 않다. 우리는 수 년 동안 교묘한 집단의 색깔로 혹은 냉담한 환영으로 다른 사람에게 굳게 문을 닫아버리는 습관을 길러왔다. 어떤 교회들은 새로운 사람이 자기 교회에 가입하는 것을 원치 않는데, 왜냐하면 그것이 기초가 튼튼한 삶의 양식과 좋은 습관으로의 변화를 의미하기 때문이다. 교회는 예수님을 중심으로부터 가장자리로 밀어내고 그 자리에 아주 교묘한 다른 어떤 것, 즉 교리적으로 정확한 것, 성문화되지 않은 관습이나 멋진 예식을 대치시키는데 능숙하다.

주요 도시는 어디든 망명자들의 공동체가 있다. 샌 프란시스코 차이나타운의 중국식 레스토랑, 런던 킬번의 아일랜드 술집, 파리의 아랍인 구역 등에는 고국의 분위기를 새롭게 만들어가려고 애쓰는 공동체의 모습이 보인다. 안으로 들어가면 그 나라에 가 있는 것이 실제로 어떤 느낌인지를 알 수 있다. 하지만 고국과 같지 않은 것도 존재한다. 파리의 날씨는 사우디아라비아만큼 덥지 않다. 킬번의 도로 표지판은 더블린처럼 아일랜드어로 되어 있지 않다. 그런데도 이 공동체들은 고국을 상기시켜준다. 교회에 대한 상당히 좋은 이미지-다른 사람들에게 하나님의 나라를 생각나게 하는 공동체, 곧 그리스도의 통치 하에서의 삶-도 있다. 하지만 이것이 아직 완성된 것이 아니라는 것을 알려주는 현상도 나타난다. 여전히 시기, 질투 및 교만이 고개를 쳐든다.

그러나 교회는 할 수 있는 한 하나님의 주권 아래에서의 삶을 일깨워주는 곳이어야 한다.

5. 교회는 하나님의 왕권을 공표해야 한다

앞의 장에서 예수님의 행동이 어떻게 말씀보다 우선의 위치에 있었는지를 살펴보았다. 이는 결코 예수님의 가르침의 중요성을 과소평가하려는 것이 아니다. 오히려 그 반대이며, 그 가르침의 적절한 의미를 제시하려는 의도이다. 바리새인들은 예수님의 귀신 쫓아내는 능력에 당혹해 했다. 그들은 예수님이 하나님의 백성이 되는데 필수적인 의식상의 순결을 지키지 않았다고 생각했다. 그에 대한 답변으로 예수님은 귀신을 쫓아내는 것이 무슨 의미인가를 정확히 설명하셨다. "그러나 내가 하나님의 성령을 힘입어 귀신을 쫓아내는 것이면 하나님의 나라가 이미 너희에게 임하였느니라"(마 12:28). 예수님의 말씀은 당대의 사람들에게 이러한 표적–하나님의 나라가 마침내 그들에게 도래했다는–이 뜻하는 바를 효과적으로 설명하며 자신의 행동에 대한 해석을 해주신 것이다.

이것이 하나님 나라의 모습이며, 교회가 그렇게 되도록 부르심을 받았다면 교회 안에서도 동일한 삶의 모습을 기대할 수 있을 것이다. 다시 말해, 교회가 하나님 나라에서의 삶을 가시적으로 구체화시키도록 부르심을 받았다면, 교회는 하나님 나라의 법을 규정하고 불신자들이 그 진가는 인정하지만 이해하지 못하는 상태가 되도록 가만히 있어서는 안된다는 것이다. 예수님이 말씀으로 행동의 의미를 설명하셨던 것처럼, 교회가 선포하는 말씀도 행동으로 나타나야 한다. 그리스도의 죽음과 부활로 모든 적들을 멸하신 하나님의 승리를 믿는다면, 예수님을 따라가는 그리스도인 공동체는 기대치 않았던 소망을 갖게 되고, 베드로전서 1장의 말씀처럼 "너희 마음에 그리스도를 주로 삼아 거룩하게 하고 너희 속에 있는 소망에 관한 이유를 묻는 자에게는 대답할 것을 항상 준비하되 온유와 두려움으로 하게"(벧전 3:15) 될 것이다. 행동이 없다면 아무도 귀를 기울이지 않을 것이며, 말씀이 부재한다면 아무도 깨닫지 못할 것이다.

교회는 말씀과 삶을 통해 하나님의 통치와 그리스도의 주권을 세상 사람들에게 일깨워주어야 한다. 이는 교회에서 일어나는 일에 대해 비평하는 것만을 의미하지는 않는다. 거듭 말하지만 교회는 하나님 나라와 동일하지 않으며 하나님 나라가 발견될 수 있는 유일한 곳도 아니다. 정의, 사랑, 자비, 용서 및 온유는 교회 밖에서도 볼 수 있다. 이러한 것들이 발견되는 곳이라면 어디든지 하나님의 통치의 맛과 향기를 경험하게 될 것이다. 예수님이 그의 제자들에게 말씀하셨던 것처럼 "이르시되 하나님 나라의 비밀을 너희에게는 주었으나 외인에게는 모든 것을 비유로 하나니"(막 4:11), 이런 것들의 진정한 의미를 아는 자는 예수님의 제자들뿐이며, 그들 자체가 바로 하나님이 여전히 이 세상을 주관하고 계신다는 표시라는 뜻이다. 땅을 점령한 악의 정권이 위세를 떨침에도 불구하고 참된 왕이 온다는 소문은 살아있는 것이다.

6. 전도는 말씀을 포함한다

1990년대 전도에 집중했던 10여년의 세월이 흐른 후 전도에 대한 관심이 급증하기 시작했고, 전도를 하나님이나 교회를 가리키는 것은 무엇이든 포함시켜 폭넓게 정의하는 것이 유행처럼 되었다. 교회를 위해 하는 일은 무엇이든 전도의 일부이기 때문에 심지어 잔디 깎는 일도 전도의 정의에 들어갈 수 있다고 쓴 영국 교회의 어느 감독의 글을 읽은 적이 있다. 그가 교회의 잔디를 깎고, 교회 하수도 청소를 하고, 교회 건물을 잘 돌봐 매력적으로 보이게 하는 것, 이 모두가 하나님 나라의 표지가 될 수 있기 때문에 중요하다고 생각한다. 하지만 이러한 것들과 전도를 혼동해서는 안 된다.

다시 앞으로 돌아가서 하나님의 나라가 도래했음을 실증한 예수님의 행동과 그 행동을 설명한 말씀 사이의 차이에 대해 생각해 보자. 우리가 알듯이 전도는 그러한 행동이 뒤따르지 않고는 오랫동안 지속될 수 없지만 그렇다고 그 둘이 동일한 것은 아니다. 우리가 만약 어떤 단어의 정의를 확장하여 거의 아무 것에나 다 적용한다면, 결국 그 단어는 아무런 의미를 갖지 않게 될 것이다. 따라서 보다 정확한 의미의 용어들을 고수하고 싶다면, 이 세상에 대한 하나님의 통치를 실증하거나 연상하는 행동을 '과업'(mission)으로 한 행동들을 설명하는 단어를 '전도'라고 정의하는 것이 훨씬 나을 것이다. '에벤겔리조마이'(evangelizomai)라는 헬라어가 신약 성경에서 쓰여진 것과 더 일치하는 것 같다. 즉 그 단어는 항상 구두로 전하는 내용을 가졌다는 의미이다.[5] 성 프란시스(St. Francis)가 쓴 것으로 알려진 문장도 같은 의미이다. '모든 곳으로 여행하라, 복음을 전파하라, 당신이 그렇게 해야 한다면 말씀을 사용하라.' 이것은 전도와 분리될 수 없는 부속물로서 선한 행위의 중요성에 관해 말하는 것인지도 모른다. 하지만 안타깝게도 그 둘을 혼동하게 만든다. 전도의 정의로서 그것은 궁극적으론 잘못 인도하고 신학적으론 도움이 되지 않는다.

7. 교회는 사람들을 하나님의 주권 안으로 초청하기 위해 존재한다

사실 이 문장이 가장 멋진 전도의 정의가 아닐까? 적어도 이 정의는 이 책의 나머지 부분에서 그대로 적용될 것이다. 전도는 사람들을 하나님의 나라로 초대해서 그 나라의 일부가 되게 하는 것이다. 이것은 엄밀히 말해 사람들을 교회의 일원이 되도록 초청하는 것은 아니지만, 그것과 밀접한 관련이 있다. 예수님의 제자가 된다는 것은 인간과 사회에 대한 예수님의 뜻과 계획을 고수한다는 의미이다. 그것은 나 자신의 인생뿐 아니라 온 세상에 대한 예수님의 정당한 통치를 인정하고 그대로 믿고 산다는 것을 뜻한다. 동시에 그러한 삶은 하나님 나라의 증인이 되어 그 법대로 살도록 부르심을 받은 공동체인 교회와 무관하지 않다. 하나님 나라의 일원이지만 하나님 나라 공동체의 일원이 되지 않는다는 것은 이론적으로는 상상할 수 있지만 실제로는 불가능하다.

그러므로 전도는 하나님의 주권 아래에서 들어와 그 생활 양식을 배우라는 초청을 수반한다. 한 사람이 다른 나라로 이주할 때는 다른 법과 언어, 문화, 역사와 관습을 배워야 하는 것처럼, 그리스도인이 된다는 것은 새로운 세계로 진입하는 것을 의미한다. 그것은 세상에 대한 하나님의 정당한 통치를 인정하지 않은 것에 대한 회개를 뜻한다. 그것은 이 세상에서 어떤 다른 권위의 통치나 지배를 허용하지 않음을 뜻한다. 그것은 예수 그리스도 안에서 하나님은 이 땅에 대한 그의 통치를 정하셨고, 십자가를 통해 통치를 거부한 것에 대한 용서를 가능케 함으로써 하나님의 나라가 심지어는 나 같은 반역자와 죄인들에게도 열려져 있다는 의미이다. 그것은 하나님의 공의롭고 자비로운 통치 하에서 인간이 누리는 은총을 의미한다. 그것은 하나님 나라의 언어와 가치를 배우며 우리의 삶을 하나님의 통치에 복종시키기 위한 훈련과 변화를 받아들이는 것을 뜻한다. 그것은 나 자신의 삶과 모든 피조물의 왕으로서 하나님을, 그리고 주님으로서 예수님을 인정하는 것을 의미한다. 그것은 다른 사람들을 하나님의 형상으로 창조된 고귀한 자녀로 존경하며 대우하는 것을 뜻한다. 그것은 예수님의 공동체와 더불어 이 세상 사람들에게 하나님의 지배 하에서 사는 것이 어떤 것이며, 하나님이 다스리실 때 사회가 어떻게 달라질 수 있으며, 어떻게 환경이 다루어져야 하고, 사람들이 얼마나 고귀한 존재인지를 보여주는 것까지 포함하는 것이다.

8. 전도는 교회가 갖는 정체성의 핵심이다

한 사람의 생애가 하나님의 통치를 받을 수 있도록 구두로 초청하는 전도는 교회의 중심에 있어야 한다. 만약 복음-하나님이 그의 세상을 실제로 다스리시고, 그의 나라가 예수님 안에 건설된 상황임에도 불구하고-이 세상 끝날 때까지 전파되고 실증되어야 한다면, 그 통치를 인정하는 초대장의 발급은 결코 부차적인 것으로 격하시키거나, 교회협의회 혹은 집사회 같은 분과 위원회에 위임될 수 없다. 교회는 바로 이 일을 하기 위해 존재하는 것이다.

앞에서 언급했듯이, 이 새로운 나라는 모든 민족을 향해 개방되어 있다. 이스라엘이 하나님의 선택을 자신만의 특권으로 이해할 때, 이는 만물의 하나님이신 이스라엘의 하나님께 불충을 드러내는 것이다. 그것은 마치 이스라엘이 다른 모든 민족처럼 한 종족의 신을 가지고 있는 것과 같은 것이다. 교회가 수직적인 특권에 심취해 하나님 나라의 일원인 왕의 제자가 되라는 수평적 차원의 초대를 하지 못할 때 교회 역시 그 정체성과 방향을 잃어버리는 것이다.

그러므로 전도란 만물을 주관하는 하나님의 왕권을 예수 안에서 확립하고, 하나님을 대항하는 피조물이 다시 그 통치 하에 들어와 용서받고 정결케 되도록 초청하신 하나님의 심정에서부터 우러나오는 것이다. 전도가 하나님의 마음 중심에서 비롯된 것이라면, 그것은 하나님의 교회의 중심에 있어야 한다. 이 사실이 충분히 이해된다면 교회 생활에 관한 많은 문제들이 저절로 해결될 것이다. 여기에 대해선 추후 더 논하기로 한다.

9. 전도는 혼자 할 수 있는 것이 아니다

'사람들을 하나님의 주권 아래에서 들어오도록 초청하는 것'으로 전도를 이해하고, 교회 생활의 핵심으로 여길지라도, 전도가 교회의 유일한 목적이 될 수는 없다. 교회는 그리스도 안에서 하나님의 통치를 증거하고, 그것이 어떤 것인지를 실증하고, 인간의 삶과 공동체가 하나님의 주권 아래에서 들어갈 때 어떻게 변화하는가를 보여주어야 한다.

전도를 교회 사역의 핵심 요소로 간주하는 교회는 전도를 그 공동체의 최우선 순위에 둘 것이다. 하지만 그 다음 단계는 종종 치명적일 수 있다. 즉 전도가 최우선 순위에 있고 자원은 부족하기 때문에 교회의 유일한 우선순위는 전도가 되어버린다는 사실이다. 결과적으로, 목회적 돌봄, 지역 사회와 더 큰 영역에서의 예배와 실제적인 사역은 전도보다 덜 중요한 것으로 여겨져 한쪽에 방치될 수 있다. 교회는 결국 숨 막히고 지친 곳이 될 것이다. 교우들은 끊임없이 개인 전도에 힘쓰라는 권고를 받는다. 인생고에 시달리며 특별한 전도의 은사도 없는 교우들이나 혹은 의심으로 괴로워하는 교우들은 불안을 느낄 수밖에 없게 된다.

교회의 우선순위는 전도나 사회적 활동뿐만 아니라 그리스도의 주권 하에 사는 것이다. 다시 말하면, 교회의 중심사역은 인간의 과제가 아니라 하나님의 역사라는 것이다. 복음을 전파하고 사회를 변화시키는 것은 우리의 일이 아니라 그리스도가 오심으로 인해 생겨나는 새로운 실체이다. 레슬리 뉴비긴은 다음과 같이 표현한다.

> 예수님이 공중 권세와 맞서 승리하셨기 때문에, 예수님이 이제 하나님의 우편에 앉아계시기 때문에, 그리고 하나님 나라를 미리 맛볼 수 있다고 믿는 자들에게 하나님 나라의 담보, 즉 삼위일체의 3격인 하나님의 강력한 영이 부어졌기 때문에, 이 새로운 실체가 임재하는 곳에서는 어디든 위기의 순간이 발생한다. 그 실체는 대답을 요구하며, 이 때 만약 진실한 답변이 이루어지지 않으면 거짓 대답이 나올 수밖에 없게 된다. 이러한 경우는 교인들이 절대적인 주님과 구세주로서의 그리스도께 깊이 뿌리박고 있는 공동체에서 일어난다.[6]

이것은 전도를 한 쪽으로 밀어놓거나 혹은 전도가 중요하지 않다—앞에서 말한 8번에 어긋나는—고 암시하는 것이 전혀 아니다. 거듭 말하지만 이는 전도를 적절한 위치에 두기 위함이다. 다음의 몇몇 장에서 살펴보겠지만, 하나님이 통치하는 삶의 우선순위를 고려함이 없이, 하나님 나라에 대한 삶의 실증 없이, 간단하게 전도가 일어나는 것은 아니다.

10. 하나님 나라는 문화에 영향을 끼친다

문화적 적절성이 전도에 있어 가장 중요한 요소는 아니다. 하지만 유능한 선교사라면 알고 있듯이, 그리스도인들이 주변 사람들과 대화를 하려고 한다면 그들의 언어로 말하고 그들의 의식세계로 들어갈 필요가 있다. 과거의 권위주의를 불신하는 포스트모던 문화 속에서 살고 있기 때문에 그러한 문화적인 상황을 고려해야 한다. 여기서 우리가 우려하는 문화의 특징은 진리의 본질이다.

우리가 이미 살펴보았듯이, 현대의 서구(그리고 세계화에 대한 선견자들이 옳다면, 훨씬 더 멀리) 문화는 구체화되지 않은 진리에 대해 많은 경계를 해 왔다. 진리가 단순히 권력 게임을 위한 활동 무대로 의심되는 곳에서는 진리의 내면에 있는 것이 중요한 이슈가 된다. 다시 말하면, 진리의 주장과 진리로부터 나오는 삶의 양식 사이의 연결점은 아주 세심한 감시를 받고 있다는 것이다. 사람들은 이 진리가 독재적 국가사회주의나 마르크스주의 혹은 21세기의 평판 나쁜 이데올로기와 같은 다른 것들을 정복하며 장악하려는 또 다른 시도가 아닐까 의심한다. 진리의 복음을 선포하지만, 복음이 창출해내는 공동체의 유형이나 복음이 영향을 미치는 사람들의 삶의 질에 주의를 집중하지 않는 전도는 추상적인 진리를 의심하는 포스트모던 시대의 사람들의 귀에 잘 들리지 않는다.

마찬가지로 기독교 또한 구체화되지 않은 진리에 대해선 의심을 품는다. 기독교의 진리는 성육신이 의미하듯이 항상 구체적이다. 즉 하나님의 진리와 실재는 다른 모든 진리에서처럼 특정한 인간을 통해 실제적으로 나타나기는 하지만 다른 것들과는 다르다. 예수님이 하나님 나라의 도래를 공표하러 오셨을 때, 이것은 그 자신의 인격과 삶 속에서 구체화된 진리이며 동시에 그를 추종하는 하나님 나라 공동체의 생활 속에서 실천되는 진리였다. 예수님의 왕 되심은 외부적으로 볼 때 다른 주장들을 정복하기 위한 또 하나의 주장인 것처럼 들릴 수 있다. 하지만 이것은, 특히 이러한 문화적 상황에서는, 사랑이 넘치는 그리스도의 통치에 의존적이 되며, 그 통치에 긴밀하게 연결되어 있는 전도의 이해를 위해 그 필요성을 강조하는 것일뿐이다. 인간이 늘 자비롭고 인자하신 하나님의 주권 아래에서 번성해야 한다면, 하나님 나라의 공동체는 그들이 선포하는 복음이 사람들의 귀에 들리도록 만들기 위해 그 진리를 구현해야 하고, 그 진리의 화신이 되어야 하며 그리스도인의 언어를 사용해야 한다.

참조

1. N. T, Wright 〈예수와 하나님의 승리〉(Jesus and the Victory of God), London, SPCK, 1996, 275~97.
2. 예컨대, 로마서 10장 9절, 고린도전서 12장 3절를 보라.
3. 물론 사도 바울은 하나님 나라의 언어를 사용하지 않았다. 하지만 그는 분명히 그리스도의 주권이란 차원에서 생각하였고, 그리고 그것은 의미상 하나님 나라에 아주 근접한 것이다. 이 주제에 관한 바울과 예수님 사이의 본질적 조화는 David Wenham 〈바울: 예수의 추종자 혹은 기독교의 창시자〉(Paul: Follower of Jesus or Founder of Christianity). Grand Rapids, MI: Eerdmans, 1995, 2장을 참조하라.
4. Lesslie Newbigin 〈다원화 사회에서의 복음〉(The Gospel in a Pluralist Society), London: SPCK, 1989, 227.
5. 예컨대, 갈라디아서 1장 8절, 에베소서 2장 17절, 데살로니가전서 3장 6절을 보라.
6. Newbigin 〈복음〉(Gospel), 136.

매력적인 교회 The Provocative Church

죄책감을 불러일으키는 전도

5장
죄책감을 불러일으키는 전도

나는 교회 내 그룹에서 정기적으로 전도에 관한 말씀을 증거하는 기회를 갖는데, 그룹 구성원들이 전도 프로그램을 결정한 후 그 속에 어떤 내용을 포함시킬 것인가를 놓고 고민하기 때문이다. 때때로 나는 그들에게 '전도'라는 단어가 어떤 느낌을 주는지 물어본다. 그럴 때마다 나는 전도라는 말이 수많은 그리스도인들에게 공통의 감정을 불러일으킨다는 사실을 발견했다. 그것은 흥분이나 에너지 혹은 기도가 아니라 죄책감이다.

대부분의 그리스도인들은 전도가 좋은 일이라는데 동의한다. 전도는 어떤 형태로든 그리스도인이 마땅히 해야 하는 것이다.

하지만 그리스도인들은 대체로 자신이 전도를 하지 않는다는 것과 혹은 전도를 한다고 하더라도 썩 잘 하지 못한다고 생각한다. 무엇인가를 해야 한다는 사실을 아는 것과 실제로 그것을 할 용기나 능력 혹은 시간을 갖지 못하는 것의 결합은 죄책감이다.

어떤 교회에서 이런 양상은 목사와 영향력 있는 평신도의 태도에서 복합적으로 나타난다. 강단에서 선포되는 메시지는 전도란 교회의 가장 중요한 활동이라는 것이다. 그러한 메시지는 어느 정도 옳다. 사람들로 하여금 그리스도를 믿게 하고 그리스도를 모르는 자들을 참되며 확실한 믿음의 자리로 인도하는 것보다 더 중요한 것이 무엇이 있겠는가? 그 결과 설교는 격주로 "거기서 나와 당신의 친구들에게 복음을 증거하라"는 감동적인 호소로 마무리된다. 몇몇 교회들은 끝없는 전도 훈련 코스를 운영하며, 이 코스를 계속 이수하고 은사를 발휘하는 전도자들은 교회에서 가장 가치 있는 존재로 여김을 받는다. 앞 장에서 언급한 대로, 예배, 환자 심방, 지역의 은퇴자를 위한 교회 런치 클럽의 경영, 주일 강단의 꽃꽂이 담당 등과 같은 다른 교회 활동들은 덜 중요하게 보인다. 이런 영역에서의 은사를 가진 교인이나, 심한 삶의 상처를 가진 교인들은 자신의 신앙을 담대하게 남에게 전할 확신을 갖지 못한 채 자신을 이류 시민처럼 생각할 수도 있다.

많은 그리스도인들이 내적으로 전도와 씨름하고 있다는 것과 사람들이 전도에 대해 말을 하면 할수록 기분이 더 나빠지는 현상은 안타까운 현실이다. 전도의 의무에 대해 늘 듣고, 자신에겐 어렵지만 다른 사람들은 아주 쉽게 잘 하는 것을 발견할 때, 사람들은 마음에 무거운 짐을 느끼게 되고 그 결과 다음엔 전도에 관한 강의는 듣지 않아야겠다는 결심을 남몰래 할지도 모른다. 때때로 전도는 2~3개의 신학 학위를 소지하고 외향적 성격과 코뿔소의 감정적 기질을 가진 자들만이 시도할 수 있다고 말한다. 우리 대부분은 그렇지 않기 때문에 다소 당황하기도 하고 살금살금 도망가면서 안도감을 느끼기도 한다.

자, 이제 어떻게 하면 앞의 몇 장에서 다룬 교회의 다른 사역들, 소명 및 정체감에 있어서 전도가 그 중심을 이룬다고 주장한 그 모든 것을 통합할 수 있으며, 특히 죄책감 없이 전도를 할 수 있을까? 그리고 '하나님의 주권 아래에서 들어오도록 사람들을 초청하는 것' 으로서의 전도를 이해할 때 어떤 유익이 있을까?

질문의 제기

앞에서 나는 열망을 키우고 질문을 제기하는 것의 중요성을 강조하였다. 앞선 두 장의 내용을 통해 교회 신학의 핵심적 주제는 하나님 나라와 그리스도의 주권임을 알았다. 하나님 나라에서의 삶이 호기심에 찬 사람들뿐만 아니라 무관심한 사람들에게도 의문을 불러일으킨다는 점을 안다면 이 두 가지는 함께 생각해야 할 주제이다.

신약의 베드로전서는 이같은 핵심을 파악하는데 도움을 준다. 신약 성경 중 전도에 관한 유명한 구절은 "너희 속에 있는 소망에 관한 이유를 묻는 자에게는 대답할 것을 항상 준비하되 온유와 두려움으로 하고"(벧전 3:15)이다.

전도 훈련 코스에서 이 구절은 꼭 등장한다. 그리스도인이라면 누구나 변증적 대답과 복음의 개요를 잘 알고, 가까이에 있는 사람들에게 설명할 준비를 하며, 복음을 확실하게 변호할 수 있어야 한다는 뜻이다. 하지만 그 구절은 눈에 띄지 않는 어떤 것이 있음을 가정하는데, 이것은 간단하지만 대단히 중요하다. 즉, 누군가가 질문을 했다는 사실을 가정해야 한다는 것이다. 이 시나리오에 따르면, 1세기의 이교도인 이웃이 그리스도인에게서 특이한 점을 알아차렸다는 뜻이다. 그 당시 그리스도인에게는 무언가 다른 점이 있었는데, 요약하면 '소망' 이란 단어이다. 현대 문학에 의하면, 많은 그리스-로마 사람들은 피할 수 없는 죽음과 망각의 두려움으로 불안한 상태에 있었다. 하지만 그리스도인은 공포의 기색이 없었고 오히려 더 나은 곳으로 들어가는 통로로서의 죽음을 기다리고 있었다는 것이다. 그들은 기대감에 넘쳤고 이교도가 이해할 수 없을 정도로 노쇠 현상에도 걱정이 없었다. 그는 질문을 던진다. "왜?" "당신의 소망의 근거는 무엇인가?" 바로 그 순간이 그리스도인들에겐 자신의 신앙을 선포할 절호의 기회였다.

당신이 전해야 하는 것을 간절히 듣고 싶어 하는 자에게 말하는 것과 예의상 듣거나 혹은 경청하지 않는 자에게 말하는 것은 천양지차일 것이다. 베드로의 첫 편지는 열망을 불러일으키는 것이 전도의 중요한 요소라는 사실을 일깨워준다.

베드로전서 3장 15절에서 흔히 생략하는(그리고 앞에서도 인용부호 밖에 두었다) 부분은 대답할 준비 이전에 오는 바로 첫 문장으로 "너희 마음에 그리스도를 주로 삼아 거룩하게 하고"이다. 이 말씀은 그 구절의 가장 중요한 부분이다. 그리스도인으로서 예수 그리스도의 주권 하에서 사는 법을 배울 때, 즉 돈, 성, 권력, 시간, 영원에 대해 주님의 관점으로 사는 법을 배울 때, 그 그리스도인은 21세기 불신자 이웃의 마음에 의문을 불러일으킬 수 있는 능력의 사람이 될 것이다.

이것은 개인만을 위한 것이 아니다. 베드로 서신 중 이 문단의 동사들은 모두가 복수형이다. 즉 그 말씀은 그리스도인 공동체에게 전달되었고, 따라서 개개인에게보다는 전체로서의 교회에 주어진 것이다. 다시 여기에 우선순위가 "…너희가 다 마음을 같이하여 동정하며 형제를 사랑하며 불쌍히 여기며 겸손하며 악을 악으로, 욕을 욕으로 갚지 말고 도리어 복을 빌라…"(벧전 3:8~9)는 것에 총력을 기울여야 한다는 것이다.

이 말씀은 하나님 나라의 공동체를 지배하는 가치들에 대한 예수님의 말씀과 상통한다. 하나님이 통치하시고 다스리실 때 발견되는 것과 정확하게 동일한 것, 곧 예수님이 죄와 죽음과 악을 이기고 승리하셨다고 선포하는 것이다. 깊고도 진실한 동정심, 사랑, 자비 및 겸손으로 특징지어진 공동체는 매우 매력적이다. 그러한 공동체는 질문을 불러일으키고, 사람들을 인도하여 왜 그러한가에 대한 설명에 귀를 기울이게 만들 것이다. 교회가 진정으로 교회다울 때, 그 자체로 전도적인 공동체가 되는 것을 그 누가 막을 수 있겠는가!

사도행전의 전반부 몇 장엔 교회 역사상 가장 의미있는 전도대회 중 하나–3천 명의 회심자를 낳은 오순절 첫 날의 베드로 설교–를 기록한다.

여기서 주의를 끄는 것은 여기에 복음 역사의 어떤 양식이 보인다는 사실이다. 베드로의 설교를 듣고 수많은 사람들이 응답한 것은 그날 베드로가 멋진 모습으로 예리하고 분명하며, 신학적으로 격조 높은 설교를 하였기 때문만은 아니다. 그 전에 무언가 중요한 일이 일어났던 것이다. 오순절의 특별한 제물을 드리려고 예루살렘에 모여든 흩어졌던 유대인들이 학식이 부족했던 예수님의 제자들이 다양한 언어로 말하는 것을 듣게 된다. 그들은 몹시 놀라며 당황하여 묻는다. “이 어찌 된 일이냐”(행 2:12). 이것은 아주 중요한 질문이다. 베드로전서에 기록된 대로, 이 질문은 베드로가 복음을 선포하는 계기를 마련해 준다. 현상이란 설명을 필요로 하는 것이다. 괄목할만한 일은 그 자체로 수수께끼이다. 하지만 감탄해서 눈썹을 치켜 올리게 했던 사건과 이 놀랄만한 결과를 낳은 이유로서의 예수 그리스도를 지목하는 해석의 결합이 그 결과물이다.

사람들로 하여금 '질문하도록' 만든 원인은 무엇일까? 베드로전서의 대답은 간단하다. "너희가 이방인 중에서 행실을 선하게 가져 너희를 악행한다고 비방하는 자들로 하여금 너희 선한 일을 보고 오시는 날에 하나님께 영광을 돌리게 하려 함이라"(벧전 2:12). 여기에 사용된 헬라어 '아나스트로페'(anastrophe)는 일반적으로 행동 혹은 행위라는 뜻이다. 그것은 포괄적인 의미의 단어로 그리스도인들이 기독교에 대한 부정적인 선입견을 극복할 수 있는 행동을 하라는 요구이다. 1세기에는 부도덕에 대한 비난을 이겨낼 필요가 있었다면, 21세기엔 부적절함에 대한 비난을 감수해야 한다. 어느 것이든 핵심은 교회 밖의 사람들은 교인들에게서 탁월하며 예기치 않은 행동을 발견할 수 있어야 한다는 것이다.

베드로 서신은 많은 다른 본보기를 제시한다. 초대 교회 그리스도인들은 사회 질서를 파괴하고 정당한 권위를 인정하지 않으려는 존재들로 여겨졌다. 하지만 그리스도인들은 모든 법적 권위에 순종하도록, 즉 예상치 못했던 것을 하도록 가르침을 받는다(벧전 2:13). 노예가 그리스도인이 될 경우, 주인에게 이는 모욕적인 일로 받아들여진다. 왜냐하면 주인은 의심과 학대를 자초하는 좋지 않은 존재라는 것을 의미하기 때문이다. 주인이 선하든 악하든 간에, 그리스도인 노예들은 부당한 매도 감수하라는 가르침을 받았다(2:18~20). 아내가 그리스도인이 되었을 때, 이는 물질적 고통을 겪으면서도 남편으로부터의 독립을 선언하고 급기야 부부 싸움으로 끝날 수도 있다. 하지만 그리스도인 아내는 남편에게 복종함으로써 남편을 그리스도께 인도하는 계기를 만들 수도 있다는 말씀을 배웠다. 복종—이교도 남편이 신앙적으로 독립한 아내에게 결코 기대할 수 없는 것—은 여성이 열등해서가 아니라 복음 증거를 위해 필요했다. 각 경우에 있어서 비범하며, 기대치 않은 행동을 함으로써 '왜' 라는 질문이 유발되기를 소망했던 것이다.

그러나 이 모든 것이 과연 주의를 끌려는 책략, 혹은 반응을 불러일으키려는 임의의 제스처에 불과한 것일까? 얼마 전, 학생 선교회에 관한 이야기를 들었다. 그리스도인 학생들은 동료 학생들이 강의 후 교실에서 나올 때쯤 쓰레기통에 숨어 있다가 동료들이 강의실에서 나왔을 때, 잭인더박스(뚜껑을 열면 인형이 튀어나오는 장난감)처럼 튀어나와 쓰레기통 위에서 크게 쿵쿵 소리를 내며 신앙에 대해 설교한다는 것이다. 꽤 흥미로운 묘안이고 용기가 필요한 일이지만, 어쩐지 씁쓸하게 들린다. 과연 이러한 시도—눈길을 끌며 흥미를 유발하는 희귀한 쓰레기통—가 추천할만한 것인가?

베드로전서의 저자는 이보다 훨씬 더 특별하고 신학적으로 일관성 있는 예들을 제시한다. 이 각각의 보기는 독특한 특성을 지니며 동시에 예수님의 행동과도 일관된 면을 보인다. 노예들은 부당한 고난을 감수해야 한다. 왜? "그리스도도 너희를 위하여 고난을 받으사 너희에게 본을 끼쳐 그 자취를 따라오게 하려 하셨느니라"(벧전 2:21). 예수님이 복종과 자비의 삶을 사셨기 때문에 그리스도인은 서로에게, 또한 권위자들과 배우자에게도 순종해야 한다(벧전 3:17~18). 이 서신에 제시된 모든 도덕적 성품과 행위—겸손, 사랑, 친절, 관대—는 적절하다. 그러한 성품의 특성은 그리스도를 닮은 것이며, 예수님은 하나님 나라에서 그분의 다스림을 받으며 살 때의 인간의 모습이 어떠한가에 대한 정확한 그림이기 때문이다.

다른 좋은 예로서 초대 교회에 관해 전해지는 한 멋진 이야기를 소개한다. 파코미우스(Pachomius)는 4세기 초반에 로마 군대에 징집된 이집트 사람이었다. 그는 나일강으로 끌려갔고, 이어 감옥과 룩소르(Luxor) 인근의 군대 막사가 교차되는 곳에 수용되었다. 그 때 한 생소한 그룹의 지역 주민이 음식과 마실 것을 가지고 그를 찾아왔다. 이상하게 여긴 그는 왜 알지도 못하고 돌볼 이유도 없는 나를 찾아왔느냐고 물었다. 그들은 예수님을 따르는 자들이기 때문에 그들의 주님이 가르쳐주신 대로 마치 예수님을 방문하는 것처럼 투옥된 자들을 방문하는 관습을 가지고 있다고 말했다. 파코미우스는 깊이 감동되었고 자신도 이 '그리스도인들' 중 한 명이 되겠다는 믿음의 결단을 내렸다. 그는 나중에 로마 제국이 멸망한 후 암흑의 기간 동안 기독교를 부흥시킨 '그리스도인 공주제((共住制) 수도원' 의 가장 중요한 설립자 중 한 사람이 되었다. 결국 그리스도를 닮은 탁월한 행동의 본보기가 의문을 불러일으켰고, 그 의문의 해답은 심오하고 능동적인 믿음으로 인도하는 복음의 말씀인 것이다.

지역 교회가 시작할 수 있는 출발점은 어디일까? '가서 친구들에게 말하라' 는 호소에서 출발하는 것이 아니다. 사실, 설교 끝의 이런 애매하고 부정확한 권고는 유익보다 해를 끼칠 가능성이 높다. 이것은 전도를 어떻게 할 것인가에 대해 거의 도움을 주지 않은 채 비현실적인 기대감만 높여 결국 죄의식만 갖게 한다. 교회는 진실로 '그리스도를 주로 삼는' 존재이다. 교회는 하나님의 주권 아래에서 그 자체의 생활을 영위해 간다. 이것은 교회가 그리스도를 닮아가는 삶을 열망하며 교회의 내적, 외적 관계들, 즉 교회의 조직 구조와 자원 활용을 이끌어간다는 뜻이다. 이는 전도가 덜 중요해서가 아니라 너무나 중요하고 으뜸가는 것이기 때문에, 그리고 이러한 방식이 전도를 교회의 경륜과 하나님 나라에 조화를 이루도록 만들기 때문이다.

수 년 동안 많은 전도자들로서는 당황스럽게도, 신약 성경의 서신서에는 그리스도인들에게 나가서 친구들에게 예수님에 대해 말하라고 하는 내용이 거의 없다. 그것은 신약 성경 저자들이 전도에 대해 관심이 없었기 때문이 아니라 그런 식으로는 전도가 일어나지 않는다는 사실을 알았기 때문이다. 이 서신서의 초점은 그리스도인 공동체가 하나님의 주권 아래에서 하찮은 시기, 논쟁, 경쟁이 아니라 사랑, 자비 및 거룩함으로 특징지어진 삶을 살았다는 사실에 맞추어진다. 따라서 그리스도인의 신앙은 전도 활동을 통해서가 아니라 구별되고 도전적인 삶으로 표출되어야 한다는 것을 거듭 주장하는 것이다.(우리는 이 의문을 10장에서 더 자세히 고찰할 것이다)

어떤 의미에서는 교회의 우선순위를 묻는 것이 그릇된 것일 수도 있다. 교회가 하나님 나라와 그리스도의 주권을 따라서 살며 또한 이를 선포하기 위해 존재한다면, 교회가 하는 모든 일은 전도와 관련이 있다. 문제 많은 결혼생활 돕기, 집 없는 자를 위한 쉼터 운영, 지역 노인 돌보기, 주일 예배, 병 고침을 위한 기도 등 교회의 사역은 무엇이든 하나님의 주권 아래에서 살아야 할 필요가 있고, 죄나 죽음과의 전투에서 승리한 것처럼 살며, 그리스도가 진정으로 다스리신다는 것을 증거하는 것이다. 이러한 것들은 예수님이 왕으로 인정될 때 세상이 어떻게 될 것인가에 대한 실증이기 때문에 회심자가 생기지 않을지라도 그 자체로 의미있는 일이다. 거기에 그러한 삶의 모습이 질문을 불러일으킨다면 복음 선포와 설명에 있어 절호의 계기가 될 것이다.

우리는 이상의 내용이 1세기 소아시아에 살았던 그리스도인들에게 무엇을 의미하였는지 알게 되었다. 이제 문화가 다른 이 세대에 적용하여 21세기에 사는 그리스도인들에게는 이것이 어떤 의미인지를 물어보아야 한다. 구체적인 사례 만큼 좋은 스승이 없기 때문에 다른 문화권으로부터 얻어낸 몇 가지 보기들을 다음에 제시하고자 한다.

이웃되기

대도시에서 시골의 어느 지역 교회로 부임한 목사가 그곳의 교회가 이웃에게 거의 아무런 영향을 미치지 못하고 있다는 사실을 알게 되었다. 교회는 수년에 걸쳐 노령화되었고 아무도 새롭게 등록하지 않았다. 지역 주민들과 이야기하는 사이 목사는 그 교회가 어떤 곳에 위치해 있는지를 파악하기 시작했다. 그 지역에는 단기간 머무르는 숙박 시설이 많았고, 사람들의 이주율도 상당히 높았다. 오랫동안 체류하는 사람이 거의 없었기 때문에 아무도 자신의 이웃을 알려고 애쓰지 않았고 공동체에 대한 의식도 없었다. 사람들은 고립된 채로 살았고 외로움이 심각한 문제로 떠올랐다. 목사는 교회가 어떻게 하면 이들의 좋은 이웃이 될 수 있을까를 함께 연구하기로 결심했다. 선한 사마리아인의 이야기를 들려주고, 이웃이 된다는 것에 대한 교훈을 주고, 마태복음 25장의 내용으로 나그네를 영접하라는 예수님의 가르침을 가르쳤다. 교인들은 이웃에 이사 온 사람들에게 시선을 집중하고 첫째 주에 그들을 방문하여 실질적인 도움을 주기로 계획했다. 이웃 아이들의 생일 날짜를 알아내어 당일에 생일 카드를 보내었다. 노인들에게도 특별한 관심을 갖고 한 사람이 병으로 쓰러질 경우 음식을 장만해 사랑의 쪽지와 함께 방문하곤 했다.

이 프로그램이 그 지역 주민의 관심을 불러일으키기 시작했다. 그리스도인들이 소박하고 큰 비용은 들이지 않지만 진실한 방법으로 좋은 이웃이 되라는 부르심에 순종했을 때, 지역의 몇몇 사람들은 왜 그들이 그렇게 하는지를 묻기 시작했다. 성경 공부를 통해 배운 대로, 그 해답은 이들이 낯선 자를 환대하고 곤궁에 처한 자들을 방문하라고 가르치신 예수님의 제자들이었기 때문이었다. 주일마다 작은 움직임이 일어났고 마침내 수년 만에 처음으로 교회는 성장의 첫 걸음을 내디디기 시작했다.

하수구와 피

말레이시아의 어느 소도시에 성장일로의 한 교회가 있었다. 그 도시는 중심 지역이 아니었기 때문에 공공 서비스가 그렇게 효율적이진 않았다. 열대 나라의 무더위에 쓰레기가 산더미같이 쌓였음에도 시의회가 게으름을 피우며 치우지 않았기 때문에 그 교회 옆의 덮개 없는 도랑에서는 악취가 코를 찔렀다. 교인들이 주일날 교회에 왔을 때 냄새 때문에 견디기가 힘들 정도였다. 여러 번 시의회에 전화를 걸었으나 아무런 응답도 없었다. 교회는 스스로 하수구를 청소하기로 결정했고, 그 때 누군가가 이 일은 교회의 문제만이 아닌 시 전체의 문제임을 지적했다. 어느 토요일, 전 교인이 작업복과 장화로 무장을 한 채 나와서 그들이 할 수 있는 만큼 도시의 하수구 청소를 하기 시작했다. 도시 사람들은 깜짝 놀랐고, 마침내 하수구가 깨끗하게 치워졌다. 물론 이것은 시의회가 한 일이 아니었다. 자연스럽게 사람들은 이 사람들이 누구이며, 왜 그 일을 하였는가를 질문했고, 급기야 많은 이들이 그 다음 몇 주에 걸쳐서 교회에 출석하게 되었다.

이러한 상황에 이어 또 하나의 다른 어려움이 고개를 내밀었다. 그 지역의 병원이 외과 수술과 수혈을 위한 피를 충분히 확보하지 못한다는 소식이 들렸다. 도시인 중 많은 이들이 중국계였는데, 중국인들은 옛날부터 헌혈이 사람을 약하게 만든다고 믿었기 때문에 선뜻 헌혈을 하고자 나서지 않았다. 교회는 이 문제를 해결하기로 결정했다. 병원은 곧 교회로부터 전화를 받았고, 갑자기 늘어난 헌혈자를 보게 되었다. 그 소식을 접한 도시의 다른 사람들 뿐 아니라 그 병원의 의사들과 간호사들도 당황해서 관심을 가지고 교인들에게 왜 그런 일을 하는지 묻기 시작했다. 헌혈은 그리스도의 사랑과 희생을 표현하는 효과적인 행동으로, 그 자체로 의미있는 일이었다. 동시에 그 일은 질문을 불러일으키기도 하였다.

이상의 사례들은 단순한 예로 그치지 않고 중요한 통찰력을 제공한다. 두 교회가 공히 지역 사회에 관심을 갖고 문제를 해결하기 위해 애를 썼고, 또한 그 주변 환경에 순응하였다. 그들은 신학적 용어를 사용하였고 구체적으로 행동하여 하나님의 통치가 특정한 지역의 상황에서 무엇을 의미하는가를 표현하였다. 하수구 청소 프로그램은 사회적 서비스가 효율적이며 정규적으로 이루어지는 지역에서는 큰 의미가 없었을 것이며, 또한 좋은 이웃이 되는 것은 이미 공동체 의식이 강한 곳에서는 큰 영향을 미치지 못했을 것이다.

둘 다 공공적 성격의 사회 활동이었다. 멀리 떨어져 사는 그리스도인이 헌혈을 하거나 이웃을 방문하기로 한다면 그 영향력은 미미할 것이다. 다만 그가 보통 사람보다 좀더 관대하고 좀더 친절하다는 사실이 입증된 것뿐이다. 많은 사람들을 놀라게 하지는 못했을 것이다. 하지만 전 교회가 그 일을 하였기 때문에 그 영향력은 엄청난 것이었다. 그 활동은 지역 사회의 행사가 되었고 개인이 아닌 그리스도인 공동체의 위대성을 실증한 것이 되었다. 그것은 멋진 사람들이 한 선행이라기보다는 하나님의 나라가 가시화되었다는 것을 훨씬 더 명백하게 진술한 것이 된다.

선한 행동의 위력

한 개인이 임의로 하든, 혹은 계획적으로 하든, 선행과 친절은 호기심을 불러일으키며 다른 사람들을 깜짝 놀라게 한다. 맥도날드를 주문한 후 차에 탄 채로 수납대에 이르렀을 때, 가끔 뒷차에 탄 사람을 위해 대신 값을 지불하고 경리 직원으로 하여금 그들에게 드리는 선물이라고 말하게 하는 것은 어떤가? 비에 흠뻑 젖은 노숙자에게 당신의 우산을 주는 일은 어떤가? 행주 파는 당신의 가게 문 앞에서 한 아이가 1파운드(혹은 1달러)를 구걸한다면, 그에게 5파운드를 주지 않겠는가? 이러한 행동의 요점은 하나님의 풍성한 자비를 실증하는 것이다. 그런 행동엔 간단한 설교나 심지어 하나님의 사랑 때문이라고 설명하는 인쇄된 카드가 필요치 않다. 이 행동들은 그 자체가 참 왕이신, 부요하고 선하시고 관대하신 하나님을 표현하는 것이다. 성 어거스틴은 어느 곳에 있든지 사람들은 타락 이후 잃어버린, 하나님과의 최초의 친밀한 교제를 통해 인류의 먼 기억 속에 잠재돼있는 진정한 행복을 갈망하고 있다고 가르쳤다. 인간은 끝없이 진실한 행복과 선을 추구한다. 설명할 수 없는 친절한 행동과 함께 선을 실행한 그리스도인들은 선함 그 자체인 하나님을 향한 열망을 다시 불러일으킨다.

전도는 인간의 행동이 아닌 하나님의 역사로 시작된다. 하나님의 영이 역사할 때, 하나님의 나라가 살아 움직일 때, 사람들은 변화하며 질문한다. 레슬리 뉴비긴은 "선교의 출발은 우리의 행동이 아니라 새로운 실재의 임재, 능력있는 하나님의 영의 임재라는 사실을 아무리 강조해도 지나치지 않는다"[1]고 말한다.

죄책감?

전도가 죄책감을 불러일으킨다면 전도를 할 필요가 없을 것이다. 그리스도의 이름으로 이루어지고, 세상을 이긴 그분의 승리와 주권을 가리키는 것이라면 무엇이든 전도의 계기가 될 것이며, 동시에 질문을 불러일으킬 수 있을 것이다. 이러한 사랑과 자비의 행동은 사람들의 관심을 불러일으키는 것으로 끝나지 않는다. 하나님의 통치에 대한 증인이 되어야 하는 신학적 우선순위에 맞추어, 이러한 행동은 그 자체의 고귀함이 있으며 결코 목적에 대한 수단으로 간주될 수 없다. 비록 그 행동이 누군가를 회심의 단계로 인도하지 못한다 할지라도 여전히 그 자체로서 가치있고 고귀한 것이다. 그 행동이 하나님 나라를 표현하는 것이라면, 당연히 그것은 하나님의 사랑처럼 아무런 단서를 붙이지 않고 무조건적일 필요가 있다. 그 행동이 진실한 것이라면 질문을 불러일으킬 것이다. 이러한 행동을 하도록 감동을 준 분을 증거함으로써 질문에 대한 해답을 제시하지 못한다면, 그것은 잘못된 신학일 뿐만 아니라 또한 거짓 겸손이기도 하다. 예수님이 당대의 사람들에게 표적과 말씀, 가르침과 병 고침으로 전도하셨다면 우리 또한 행동뿐 아니라 말씀으로 복음을 증거해야 한다. 그리스도인은 벙어리 하나님께 예배하는 것이 아니기 때문에 그리스도인 역시 입을 다물어서는 안된다.

이제 많은 그리스도인들의 문제는 어떻게 설명할 것인가 하는 부분이다. 우리 중 다수는 말이 잘 나오지 않고, 설명을 잘못하거나 유창하게 말하지 못할까봐 두려워한다. 어려운 질문을 받으면 어떻게 대답해야 할지를 모른다. 이 때가 바로 전도자와 변증자의 은사가 발휘될 때이다. '구도자' 를 위한 코스는 이 때문에 개설되었다. 변증학적 질문과 그리스도인의 기본적인 교리를 전달하는 최고의 교재에는 여러 주가 소요되는 긴 대화 형식으로 예배, 신뢰, 돌봄 및 정직이란 내용이 포함된다. 따라서 최선의 선택은 이렇게 말하는 것이다. "나는 이 모든 질문에 답변을 할 수 있는 적격자가 아닙니다. 하지만 나는 당신이 정확한 대답을 얻을 수 있는 곳을 알고 있답니다."

초대 교회에서는 개인과 지역 사회에 변화를 불러일으키는 기독교와 그 능력에 대한 호기심으로 가득 찬 사람들을 교리문답반으로 초청하였는데, 그곳에서는 교훈, 발견 및 탐구의 과정을 밟았다. 많은 그리스도인들이 믿음을 생활화하면서도 그것을 설명하는 데에는 익숙치 않았기 때문에 그러한 과정은 대단히 유용했다. 오늘날에도 그러한 코스가 열려 있다. 많은 교회들이 직면하는 문제는 무엇보다도 사람들을 이 코스에 참석하도록 만드는 것이다. 교회는 전도와 변증의 은사를 가진 사람들이 이러한 코스 중에서 실제로 자신의 은사를 발휘하여 사람들을 격려하고, 전도에 자신이 없는 사람들을 삶의 현장에서 하나님의 통치를 실증하는 프로젝트에 시간과 에너지를 투입하도록 촉구해야 한다.

인간은 항상 하나님의 주권 아래에서 살도록 계획된 존재이다. 그 깊은 의미는, 우리 모두가 서로 사랑하고 사랑받는 세상, 모두가 온화함과 겸손과 친절로 대하는 세상, 그리고 창의적이고 환대하며 관대하고 용서받는 세상에서 살기를 갈망한다는 것이다. 이 세상은 우리가 인지하지 못할지라도 가장 번성할 수 있는 곳이다. 이렇게 사람들이 하나님의 주권 아래에서 사는 것을 목격할 수 있다면 세상은 굉장히 매력적인 곳이다. 사랑, 희락, 평안, 오래 참음, 자비, 양선, 충성, 온유 및 절제를 맛보며 배우는 것이 가능한 지역 사회는 극히 드물지만, 아름답다.

앞서 우리는 더글라스 쿠프랜드가 소개한 한 인물을 만나보았다. 그는 관대함과 친절, 사랑을 배울 수 있는 어딘가를 찾으며 간절히 부르짖고 있었다. 그가 추구한 가치들은 바로 하나님 나라의 특성이 아닐까? 이러한 가치들은 다른 나라에서는 볼 수 없는 가치이다. 가장 순결한 최상의 순간에 인간 내면의 부르짖음과 예수님을 통해 공표되고 출범한 하나님 나라의 가치들 사이엔 묘한 공통점이 존재한다. 예수님은 관대, 친절 및 사랑의 대가이시다. 우리가 예수님의 온화한 통치와 잘 통솔된 보호 하에서 사는 법을 배울 때, 우리에게 이러한 성품을 가르치고 개발시켜 주실 수 있는 분은 오직 예수님이시다. 이러한 사실을 깨달은 이상 자신의 교회를 생각하며 불안한 마음으로 다음 질문을 하게 된다. "만약 다음 주일 아침 쿠프랜드가 소개한 인물이 우리 교회에 나타난다면 과연 그는 우리 교회에서 관대, 친절, 사랑을 경험할 수 있을까?"

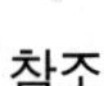

참조

1 Lesslie Newbigin, 〈다원화 사회에서의 복음〉(The Gospel in a Pluralist Society), London: SPCK, 1989, 227.

매력적인 교회 The Provocative Church

교회는 다닐 만한 가치가 있는 곳인가?

6장
교회는 다닐 만한 가치가 있는 곳인가?

주일 저녁이다. 예배는 광고 시간까지 진행되었다. 목사는 주위를 둘러보며 매주 출석하는 낯익은 교우들을 본다. 그는 일어나서 다음 주엔 초대 설교자를 모시기 때문에 모두가 친구들을 인도해 와야 한다고 힘주어 말한다. 회중은 거의 눈도 깜빡거리지 않고 잠잠히 설교를 듣곤 예배를 마친 후 빠른 걸음으로 교회 문을 나간다. 다음 주일 저녁, 초대 설교자가 도착해 차 대접을 하고 예배를 드리러 교회 안으로 모신다. 그가 예배당으로 들어와 앞자리에 앉았을 때, 목사는 회중을 살펴보고는 힘이 빠진다. 여전히 주일 저녁 고정 출석자들의 얼굴만 보일 뿐 아무도 새로운 사람을 인도해 오지 않았다.

이것은 많은 교회에서 빈번하게 나타나는 시나리오이기에 이제는 거의 전도를 포기한 상태이다. 수 십 년 동안 전도는 텐트나 축구 경기장에서의 대규모 혹은 작은 규모로 하는 지역 교회의 초청 설교자나 특별한 설교자에 의존해 왔다. 특별 예배에 새로운 사람들을 인도해 오는 교회도 있지만 많은 교회의 경우 전략은 종종 실패로 끝난다. 격려와 간청을 하고 심지어 뇌물까지 주어도 교우들은 친구를 데려오는데 주저하는 것처럼 보인다.

여기에는 여러 가지 그럴 듯한 이유들이 존재한다. 포스트모던 문화는 다분히 상반되는 진리를 선포하는 권위적 인물에겐 거의 귀를 기울이지 않는다. 따라서 많은 그리스도인들은 자칫 잘못하면 상대방을 당황하게 만들 수 있는 집회에 친구를 초대함으로써 우정에 금이 가게 될까봐 염려하는 것은 이해할 만하다. 하지만 이러한 이유 뒷면엔 그리스도인들이 교회로 친구들을 데려오지 못하는 더 깊은 불안감이 도사리고 있지는 않을까 하는 생각이 든다. 그것은, 그들 마음 중심에, 그들 스스로가 거기에 오기를 진정으로 원하지 않는다는 사실이다.

교회에 출석할 때 몹시 지루하게 느껴진다면, 거기에 당신의 친한 친구를 초청하지 않을 것이다. 왜냐하면 당신의 친구는 당신보다 훨씬 더 자신의 삶과 무관한 것을 견디지 못할 것이기 때문이다. 교회가 이미 헌신된 교우의 삶에도 영향을 끼치지 못한다면, 그들을 성숙에 이르도록 훈련하며 더 낫고 더 고결한 삶을 살도록 돕지 못한다면, 어떤 광고도 친구들을 교회로 인도해 오게끔 설득하지 못할 것이다. "우리 교회에 와서 나와 함께 지겨운 시간을 보내자"는 사람들을 교회로 이끌 수 있는 문구가 아닌 것이다!

활기가 넘치며 성장하는 교회를 개척한 경험을 통해 릭 워렌(Rick Warren) 목사는 감명 깊은 이야기를 한다. "교우들이 한 사람도 우리 교회로 초청하지 않는다면, 그들은 우리 교회가 제공하는 사역의 질에 대해 무엇을 말하고(그들의 행동을 통해) 있는 것일까?"[1] 교우들이 친구들을 교회로 데려오기 주저하는 이유는 특별 주일 '손님을 위한 예배' 시의 프로그램이 아니라 매주 펼쳐지는 사역의 빈약함 때문이다. 여기에는 프로그램 제시보다 더 깊은 어떤 것이 있다. 이것은 주일 예배를 약간 수정하는 것만으로는 해결되지 않는다. 더 근본적인 신학적 문제가 내포되어 있는데, 그것은 회심에 대한 우리의 이해와 관계가 있다. 회심에 대한 교회의 관점은 전도에 대한 접근 방법을 결정할 것이다. 그러므로 이 장은 회심의 의미를 고찰하고, 어떻게 그 의미가 전도하는 방식과 새로운 사람들을 초청하고 동화시키려는 교우들의 자발성과 능력에 영향을 미치는가를 살펴볼 것이다.

전통적인 회심

전도의 고전적 모델은 즉각적인 변화를 암시한다. 가장 잘 알려져 있고 사람들이 좋아하는 회심은 동일한 패턴을 따르는 경향이 있다. 다소의 사울은 다메섹 도상에서 그리스도를 만나고 하룻밤 사이에 그리스도인을 격렬하게 핍박하던 사람에서 가장 열정적인 변증자로 변했다. 위대한 성 어거스틴은 밀라노 정원에서 '집어서 읽으라' 고 재촉하는 목소리를 들은 후 바울 서신을 읽고 마음의 즉각적인 변화를 경험했다. 이러한 이야기의 개정판인 마르틴 루터는 비텐베르크의 어거스틴 수도원 꼭대기 방에서 눈부시게 번쩍이는 빛의 능력으로 '이신칭의' 라는 종교개혁의 교리를 발견하기에 이른다. 존 웨슬리는 1738년 런던의 한 모임에서 루터의 로마서 참조이 낭독되는 동안 이상하게 그의 마음이 뜨거워지는 것을 느꼈다. 이 모든 간증들은 전통적인 패턴을 따르며, 대대로 내려와 회심에 대한 이해를 구체화시키고 수많은 교회들이 위기의 순간에 재창조되는 역사를 일으키는데 일조했다. 그 결과, 죄의식에 사로잡혔던 사람들이 성령의 능력으로 구원을 얻고 놀라운 통찰력을 지니게 되었다.

신약 성경에서도 갑작스럽고 극적인 변화를 암시하는 언어를 발견할 수 있다. 그리스도인이 되는 것과 그렇지 않은 것의 차이를 묘사하는 이미지는 현저히 다르다. 그것은 죽음에서 생명으로, 암흑에서 빛으로 이동하는 것과 다시 태어나는 것에 대해 이야기한다. 당신은 이 둘 중 어느 하나에 속하며 결코 그 중간에 있지 않다. 부활, 출생 및 조명의 이미지는 한결같이 즉각적인 변화를 나타낸다.

회심에 있어서 이같은 경험을 수반하지 않을 때 어려움이 생길 수 있다. 1992년 존 피니(John Finney)는 전도에 대한 영국인의 인식에 큰 영향을 끼친 연구서를 출판했다. 그 보고에 의하면, 최근에 그리스도를 믿노라고 신앙 고백을 한 500명의 사람들에게 설문 조사한 결과 응답한 사람의 69%가 '갑작스럽게' 보다는 '점차로'[2] 회심하게 되었다고 설명했다는 점이다. 그 나머지 31%(상당한 비율이다!)는 자신의 회심이 어느 날, 혹은 어느 순간에 일어난 것으로 기억한다고 한다. 따라서 이 연구는 회심이란 갑자기 일어난다는 전통적인 인식이 기준은 아니라는 증거가 될 수 있다.

다른 지적들과 더불어 이 증거는 회심이 점진적으로 이루어진다는 사실을 전도에 적용하도록 영향을 미쳤다. 1990년대 전도에 대한 태도의 변화 조사에서 로버트 워렌(Robert Warren)은 다음과 같이 피력한다.

> 복음전도의 초청은 '지금 이 자리에서 일어나 앞으로 나오시기 바랍니다' 에서 '다음 몇 주 동안 … 집에서 모이는 그리스도인 신앙 탐구 그룹에 당신을 초대합니다' 로 바뀌어졌다고

> 말할 수 있다. 실제로 이 변화의 배후엔 인식의 변화가 있다. 즉 신앙이란 시간이 걸리는 여정이다. 전도뿐만 아니라 신앙인이 되는 것도 이젠 과정으로 이해한다.[3)]

오늘날은 회심이 더 점진적으로 일어날 수 있다고 설명하는 문화적 이유들이 있다. 존 웨슬리의 시대에는 기독교 신앙에 대해 훨씬 더 일반적인 지식이 있었다. 하나님의 존재는 기정사실이었기에 전도는 단지 이 죽은 믿음을 살려내는 문제였다. 그리스도 신앙에 대한 이해가 마른 나무의 큰 횃불처럼 거기에 있었고 타오르게 하는 불꽃이 필요할 뿐이었다. 그런 상태에서는 횃불이 높이 들려야 하고 머지않아 그 불꽃이 불을 붙일 수 있을 것이다. 하지만 오늘날은 많은 사람들이 그리스도 신앙이 어떤 것인지에 대해 잘 알지 못하기 때문에 참된 그리스도인에 대한 기본적인 이해를 구축하는데 오랜 시간이 소요된다. 그렇다면, 이러한 사실은 전통적인 극적 회심이 거짓된 것, 매력적이지만 궁극적으론 공허한 환상임을 뜻하는 것일까?

과정 혹은 위기?

이 주제에 대해 여러 전문 분야에 걸쳐 많은 연구를 한 루이스 램보(Lewis Rambo)는 회심이란 회심의 필요성을 촉구하는 사람들의 기대와 회심한 자의 과거 경험에 의해 이루어진다고 말한다. 회심을 어떤 위기의 순간을 포함하는 하나의 과정으로 보는 것이다. "회심은 특별한 사건에 의해 유발될 수 있지만, 어떤 경우에는 갑작스런 변화의 경험을 하게 된다. 하지만 대부분의 경우 회심은 일정 기간 동안 일어난다."[4)]

회심에 대한 램보의 견해는 의미가 있다. 위에서 언급한 네 편의 전통적인 회심을 자세히 살펴보면, 각각의 결정적 순간은 훨씬 더 긴 과정 속에서 출현한다. 사도행전은 사울이 사도 바울이 되기 전에 스데반의 인상적이고 감동적인 순교를 목격했다고 기록한다. 바울은 서신서에서 이른 시기 그가 받았던 바리새파 유대주의에서의 훈련은 복음을 위한 준비였다고 고백한다. 참회록에서 보여주듯이, 밀라노에서의 어거스틴의 경험은 암브로스 주교의 가르침을 들으며, 기독교 도서를 읽고, 그리스도인 친구들과 장시간 토론을 하며 쌓은 오랜 세월의 지적, 영적 추구의 절정에서 일어났다는 것이다.[5)] 루터파 학자들도 종교개혁은 한 순간의 번뜩이는 빛에 국한된 것이 아니라 수 년 동안 점진적으로 이루어진 것으로 간주한다.[6)] '올더스 게이트의 경험' 전 존 웨슬리는 미국 조지아에 파송된 실패한 선교사로서, 영국 교회의 주교로서, 일하는 동안 계시의 빛을 찾고 있었다. 중대한 순간은 과정의 중간이나 끝에 오기 마련이다.

그렇다면, 어떻게 우리는 그리스도인이 되는 것과 그렇지 않은 것 사이의 현저한 차이를 지적하는 성경적 이미지와, 변화가 경험되는 점진적인 방법을 서로 조화시킬 수 있을까? 이 토론에 있어 신학적 견해를 현상학적 견해와 구별하는 것은 중요하다. 신학적으로, 그리스도 안에서의 영적 생명의 독특성과 그리스도가 없이는 죽음이라는 성경적 개념을 굳게 붙잡거나, 중생했다거나 중생하지 않았다란 신학적 용어를 사용하는 것은 중요하다. 하지만 동시에 현상학적으로 우리는 이런 변화를 둘러싼 사건들이 하나의 과정으로 경험되어지고, 변화의 순간은 종종 오래 남지 않는다는 사실을 알 수 있다. 이와 더불어 경험된 회심의 현상은 사회 과학자들이 분석한 사회적, 심리적, 문화적, 종교적 요소들의 광범위한 영향을 받는다는 생각을 유지하는 것이 가능하다. 하지만 그리스도인은 이러한 요소들은 그 사건의 신학적, 영적 차원을 포착할 수 없기 때문에 전적으로 회심을 설명하지 못한다는 사실을 주장하고 싶을 것이다.

중생과 변화

중생과 변화의 차이를 설명하면 회심을 이해하는데 도움이 될 것이다. '중생' 이란 영적 죽음에서 생명으로, 그리스도 밖에서 안으로, 용서받지 못하는 것에서 용서받는 것으로에 대한 신학적 용어이다. 반면 '변화' 는 한 사람이 믿음으로 시작하여 '그리스도인이 되었다' 고 깨달은 후에도 계속되는 과정으로, 불신자에서 점차 그리스도의 형상을 닮아가는 자로, 하나님의 주권 아래에서 살아가는 자로 변화해가는 삶을 의미한다. 회심은 이 둘–골로새서에 기록된 '흑암의 권세' 에서 '아들의 나라' 로 옮겨지는 순간적인 변화와 한평생에 걸친 변화의 과정–을 포함하는 것으로 볼 수 있다.

이 두 개념을 구별하는 것은 중요하며, 동시에 한꺼번에 생각하는 것도 중요하다. 갑작스런 중생에 대한 개념이 없다면 그리스도인이 되는 것과 그렇지 않은 것 사이에 전혀 차이가 없다는 결론을 내릴 수 있다. 하나님이 인간에게 일으키는 급격한 변화에 대한 개념이 별로 없게 될지도 모른다. 생명을 주시는 하나님의 영께 자신을 개방하고, 그리스도에게 단번에 속하고, 그리스도의 영원한 소유물이라는 확신이 식으면, 하나님이 인간에게 일으킬 수 있는 급격한 변화에 대해 거의 감지하지 못한다. 점진적인 변화에 대한 개념이 전혀 없다면 새로운 그리스도인들은 오만하고 무미건조한 상태로 방치될 것이며, 곧 새로 발견한 믿음에 싫증을 내고 말 것이다. 또한 '온전한 사람을 이루어 그리스도의 장성한 분량이 충만한 데까지 이르리니" (엡 4:13)라는 신약 성경의 말씀도 순종하지 못하게 된다.

이 시점에서 도움이 되는 이미지는 요한복음에 나타난 거듭나야만 "하나님 나라를 본다"(요 3:3)는 것이다. 아내가 우리의 첫 아기를 가졌을 때 모든 것이 수고와 출생 그 자체에 초점이 맞춰졌던 것을 기억한다. 아내는 아이를 잘 낳을 수 있을까? 아기는 괜찮을까? 아기가 엄마 뱃속에서 나오는 동안 나는 기절하지 않을까? 엄청난 사건이 벌어지는 것처럼 보였다. 임신으로 인하여 우리의 생활엔 극적인 변화들이 일어났다. 더운 여름을 힘들게 지나는 동안 아내의 몸은 점점 더 무거워졌고, 더욱 더 많은 휴식을 필요로 하였다. 마침내 우리의 아들이 세상에 나왔을 때, 내겐 이것이 과정의 끝이 아니라 시작이라는 생각이 들었다! 새로운 생명이 세상에 태어났기에 이젠 먹이고, 영양분을 공급하고, 즐겁게 해 줄 일이 필요했다. 출생이란 준비 과정 후에 오는 중대한 기회이며, 성장과 그 너머의 새로운 생명이라는 훨씬 더 긴 과정 속에 있는 하나의 단계이다.

로버트 워렌이 제시하고 루이스 램보가 확인한 것처럼, 회심에 대한 이해는 전도의 실천방향을 결정짓게 될 것이다. 회심을 과정으로 생각한다면 구도자 코스처럼 과정 전도 전략에 더 많은 에너지를 투입할 것이다. 회심을 결정적 기회로 여긴다면 전도적 설교든, 텐트 복음대회든, 일회성 행사 후에 더 많은 열매를 거두게 될 것이다. 오늘날 성경 말씀에 충실하고 문화에 민감하게 반응하면서 실행하는 전도의 접근 방법은 이 두 요소들을 명확히 하고 있다. 과정을 강조할 경우 그리스도인이 되는 것의 독특성과 확신이 상실될 수 있다. 한편 너무 결정적 기회에 초점을 맞출 경우 강요하다시피 사람들을 자신에게 맞지 않는 모형 속으로 몰아갈 것이다. 전도에 있어서 과정의 코스들은 결정적인 기회를 충분히 제공할 필요가 있다. 회심의 코스 가운데는 중생에 대한 자리가 마련될 때 비로소 변화를 일으키게 된다.

회심한 자에게 설교?

회심에 대한 이해가 전도 방법에는 큰 영향을 미치지 않지만 동기 유발에는 지대한 영향을 미친다. 수년 전, 현명하고 분별력 있으며 그리스도 안에서 한 형제가 된 남아프리카인 친구는 자신이 겪고 있는 많은 어려움에 대해 쓴 편지에서 놀랍게도 다음과 같이 표현했다. "나의 근심은 내 안에 회개할 것이 얼마나 많은지를 일깨워주었다." 답장을 하고 편지를 손에서 놓은 후에도 오랫동안 그의 말은 나의 뇌리에서 떠나지 않았다. 그는 그리스도께 온전히 헌신하고 확실히 회개한 사람이었음에도 불구하고 회심의 과정이 아직 끝나지 않았음을 고백하고 있었다.

우리는 때때로 꼬박꼬박 교회에 헌금하는 교우를 회심한 사람으로, 아직 그리스도인이 아닌 사람은 회심할 필요가 있는 사람으로 생각하는 경향이 있다. 이러한 경향 때문에 우선적으로 회개할 자는 불신자라고 여긴 나머지 소위 그리스도인이라고 하는 사람들을 소홀히 하는 결과를 낳은 것이다. 결국 목자는 우리에서 잠자는 아흔아홉 마리의 양들은 남겨둔 채 한 마리의 잃어버린 양을 찾아 나서는 격이 아니겠는가?

불행하게도, 이같은 일은 당신이 목자든 혹은 교회 리더든 간에 위험한 전략이다. 양떼가 푸른 초장을 발견하고 건강하게 자라는 것에 무관심한 목자는 아흔아홉 마리의 양 또한 점차로 줄어드는 현실을 발견하게 될 것이다. 그들은 엄동설한의 추위에 굶어 죽거나 혹은 더 나은 목자를 찾아서 몰래 빠져나갈 것이다. 리더 역시 그들의 교회에서 이와 동일한 현상이 일어나는 것을 보게 될 것이다.

교회가 효과적으로 전도하기를 원한다면 중생뿐 아니라 변화에도 관심을 두어야 한다. 사람들로 하여금 그리스도인이 되게 하는 일도 중요하지만, 그리스도인이 된 후의 영적, 인격적 성장에 대한 분명한 계획도 필요하다는 뜻이다. 달리 표현하면, 회심은 순간적인 사건일 뿐만 아니라 평생에 걸쳐 진행되는 일로 보아야 한다는 뜻이다. 그리스도인의 계속적인 성장과 열매는 목회에서 뿐만 아니라 전도 그 자체를 위해서도 중요하다.

전도는 변화로 인도한다

언젠가 교회 리더십 훈련 담당자로서 매주 정신박약과 육체적 장애가 있는 사람들을 위한 요양소를 방문한 적이 있다. 열렬하며 호의적인 우리 신학도 팀은 그들을 위해 일련의 예배를 인도하며 시청각 교재로 최대한 간단하게 복음을 설명하기로 의견을 모았다. 하지만 오래지 않아 계획대로 잘 되지 않는다는 것을 알았다. 그들 중 한 사람은 예배 내내 밖을 쳐다보았고, 두 사람은 서로 이야기했고, 어떤 이는 손가락으로 크고 반복적으로 의자를 쿵쿵 치고, 다른 이는 일어나서 마음대로 방 주위를 돌아다녔다.

그러한 상황에서 하나님과 예수에 관한 우리의 설명이 결실을 맺었을 리 없다. 나는 몇 사람과 사귀고 대화하면서 그들과 함께 있는 것과 그들의 특성을 좋아하게 되었다. 간단하지만 바르게 제시된 복음에 대해서 그들은 내가 기대했던 방식대로–제자도가 의미하는 바를 생각해 본 후 그리스도를 따르겠다는 자신의 결정을 말로 표현하는–응답할 수 없는 것처럼 보였다.

몇 주 지나는 동안 전도자로서 나는 복음에 대한 그들의 적절한 응답이 어떠해야 하는가를 생각하기 시작했다. 그들이 어떻게 하기를 기대하며, 또 응답한다면 나는 어떻게 말할 것인가? 그들은 하나님의 은혜와 사랑에 대해 반응을 나타낼 수 없는가? 이에 대한 결론은 문제가 없다는 것이었다. 다른 사람들과 같지 않을 수 있지만 그들도 하나님의 형상을 닮은 이상 하나님께 응답할 수 있다. 그럼에도 불구하고, 그 응답은 구두로, 이성적인 방식으로, 지적 혹은 명확한 방식으로는 이루어지지 않을 것이다. 그것이 옳든 그르든, 하나님에 대한 그들의 응답은 그리스도의 이름으로 그들이 경험한 사랑과 은혜에 대한 응답이었다. 그리고 그것은 말보다는 행동과 선택, 태도로 더 잘 표현되었다.

그러나 그것은 끝이 아니었다. 나는 이성적, 지성적 방식이 아닌 다른 방법으로 하나님께 응답할 수 있는 사람들이 있으며, 그렇게 응답했던 다른 사람들에 대해 생각하기 시작했다. 책을 읽지 못하거나 혹은 읽을 수 없는 자들은 어떤가? 논리적으로 사고하지 못하는 자들은(우리 중에) 어떻게 할 것인가? 이성적 동의가 문제의 핵심이 아니었는가? 그렇다. 그것은 특정한 방식으로 자신의 지적 능력을 사용하는 사람들에게만 중요하다. 하지만 하나님께 응답하는 것이 단순히 나의 사고를 특정한 방식으로 해야 하는 문제는 아니지 않은가?

이러한 경험을 통해 나는 하나님에 대한 응답은 주로 이성적,

지적 차원의 일만은 아닐 수 있다는 사실에 눈뜨게 되었다. 내가 말씀을 증거하던 자들도 그렇겠지만, 나에게 회개할 것이 훨씬 더 많았다. 회심이란 나의 삶 전부를 하나님의 주권 하에 가지고 들어가는 것을 의미한다.

예수님은 많은 이들로부터 질문을 받으셨다. "인생의 의미가 무엇입니까?" 그 당시 언어로 이 질문은 "가장 큰 계명은 무엇입니까?" 였다. 이 표현이 훨씬 더 강한 의미를 지닌다. 그의 대답은 괄목할만한 것이었다. 예수님은 신명기의 말씀을 인용하여 인생이란 "…네 마음을 다하고 목숨을 다하고 뜻을 다하고 힘을 다하여 주 너의 하나님을 사랑하라 하신 것이요 둘째는 이것이니 네 이웃을 네 자신과 같이 사랑하라 하신 것이라 이보다 더 큰 계명이 없느니라"(막 12:28~31)는 것이다. 마음과 목숨과 뜻과 힘의 차이가 무엇인지를 정확히 알기는 어렵겠지만, 그 모두를 합치면 당신의 생명, 감정, 의지, 지력, 몸, 뜻, 영의 모든 부분을 가지고 하나님을 사랑하는 법을 배우는 것에 대해 말하고 있는 것이다. 그것은 과거 자신의 뜻대로 살았던 것과는 달리 하나님을 사랑하고 다른 사람을 사랑하는 법을 배우는 쪽으로 자신의 삶을 바꾸는 것을 의미한다. 바울도 에베소서에서 이와 유사한 대답을 하고 있다.

그의 영광의 풍성함을 따라 그의 성령으로 말미암아 너희 속

> 사람을 능력으로 강건하게 하시오며 믿음으로 말미암아 그리스도께서 너희 마음에 계시게 하시옵고 너희가 사랑 가운데서 뿌리가 박히고 터가 굳어져서 능히 모든 성도와 함께 지식에 넘치는 그리스도의 사랑을 알고 그 너비와 길이와 높이와 깊이가 어떠함을 깨달아 하나님의 모든 충만하신 것으로 너희에게 충만하게 하시기를 구하노라.(엡 3:16~19)

바울은 이 말씀에서 그리스도가 뜻 속 뿐만 아니라 '속사람' 안에 계신다는 것을 이야기한다. 그리스도의 사랑은 지식을 초월한 어떤 것–지력으로는 온전히 이해될 수 없지만 전 인격으로 깨달을 필요가 있는–이다. 이러한 훈련의 목표는 하나님의 충만으로 충만해지는 것이다. 이것은 회심이 의미하는 놀랍고도 광범위한 비전이다. 그것은 인간적 차원의 삶으로부터 인간 존재의 모든 부분이 하나님의 통치 하로 들어가는 변화이다. 그것은 마음, 목숨, 뜻 및 힘의 변화를 포함한다. 그것은 인간 존재의 깊은 곳에 성령이 임재함을 의미한다. 그것은 우리가 얼마나 깊이 사랑을 받고 있는가에 대한 포괄적인 이해로, 사실에 대한 지적 이해를 초월한 것이다. 그것은 하나님의 사랑으로 푹 젖어서 우리가 매일 만나는 사람들을 사랑할 수 있는 삶에 관한 것이다. 그것은 우리가 가진 모든 것, 우리 존재의 모든 것을 가지고 하나님께 응답하는 것을 의미한다.

이러한 의미에서 회심은 결코 끝나지 않는다. 중생은 우리가 그리스도 안의 새로운 생명으로 태어날 때 일어나는 것이다. 하지만 자연적인 출생과 함께 중생은 삶을 위한 하나님의 뜻이라는 더 큰 과정의 일부로서 그 자리를 차지하게 된다.

문제는 많은 교회에서 이러한 변화의 지속적인 과정에 주의를 거의 기울이지 않는다는데 있다. 사람들을 좋은 그리스도인으로 잘 인도하는 교회는 많다. 알파코스, 구도자 예배 등은 이러한 과제에 대한 탁월한 접근 방법이다. 하지만 20년 동안이나 그리스도인으로서의 삶을 살아온 사람들을 위한 성공적인 코스란 생각하기가 어렵다. 이 사람들은 당회에서 공식적인 자리를 차지하고 있는 사람들이다. 이처럼 교회의 직분을 영적 성장의 유일한 표지인 것처럼, 또 장기간의 교회 출석을 영적 성숙의 척도로 이해한다면 이는 잘못된 판단이다. 오랜 세월에 걸쳐 교회에 출석한 교인들은 자칫하면 침체되기 쉽고 영적으로 제자리 걸음을 할 수도 있기 때문이다. 사람들은 신앙생활을 중단했기 때문이 아니라 교회가 그들의 생활에 적절한 사역을 하지 못하기 때문에 교회를 떠나는 경우가 허다하다. 영국의 신학자이자 사회학자인 로빈 그릴(Robin Grill)은 '대부분의 사람들은 다른 어떤 것이 그들의 삶에 변화를 일으킬 때 교회에 가는 습관적인 일을 중단한다'[7]고 말한다. 청년이 되고, 결혼하고, 아기를 낳고, 이사하고, 직장을 잃고, 이 모든 것들이 우리의 삶을 재평가하도록 이끈다. 요점은, 이러한 것들이 누군가를 교회로 인도할 수도 있지만, 동시에 교회에 가는 일을 멈추도록 유도할 수도 있다는 사실이다. 삶에 대한 재평가 기간 동안 교회가 더 이상 내가 직면한 이러한 문제들에 대해 의미있는 해결책을 제시하지 못한다는 결론을 내리면 더 이상 교회에 가지 않을 가능성이 높아지는 것이다. 많은 사람들은 신앙을 포기했거나 성령에 대한 주의가 부족해서 교회를 떠나는 것이 아니다. 그들은 교회에서 영적 만족과 부요한 어떤 것을 더 이상 발견하지 못하기 때문에 떠나는 것이다. 그들은 신앙의 여정은 계속해 가지만 다른 곳에서 그 여정을 계속해 갈 것이다.[8)]

조지 버네이노(Georges Bernanos)의 프랑스 고전 소설 〈시골 사제의 일기〉(The Diary of a Country Priest)에서 젊은 사제는 신앙을 잃는다는 말을 경멸한다. "신앙이란 잃어버리는 것이 아니라 다만 신앙을 통해 자신의 삶을 구체화하는 것을 멈출 뿐이다."[9)] 물론, 그의 말은 맞다. 신앙이 더 이상 진실이 아니라고 생각하기 때문에 신앙을 상실하는 것이 아니라, 더 이상 적절하지 않기 때문에 그렇게 되는 것이다. 이어 신앙은 서서히 그 사람의 인생에서 뒷전으로 밀리고 급기야 하나님 나라가 아닌 다른 요소들이 명령을 하기 시작한다.

이러한 사실에 주목한다면, 교회는 변화의 문제를 심각하게 받아들여야 한다. 교회는 현실적이고 세부적인 삶의 영역에서 개인의 변화와 공동체의 변화라는 목표를 수립하고, 사람들이 교회뿐 아니라 자신의 가정과 직장에서도 정말로 그리스도인답게 사는 법을 터득하도록 이끌어야 한다. 따라서 전도할 때 교회는 사람들의 삶에 변화를 일으키고 그들로 하여금 한평생 예수 그리스도의 제자로서 멋진 삶을 살 수 있도록 장기간의 목표를 세우는 것이 필요하다. 전도는 변화의 길로 인도하는 것이다.

변화는 전도에 이르게 한다

교인의 영적, 인격적 성장을 교회 사역 계획의 우선순위에 놓을 때 전도는 더욱 더 효과적이 된다는 사실은 주목할 만하다.

수년 전, 내가 참석했던 어느 교회의 최고 사역 목표는 전도였고 설교 때마다 그 사실을 강조했음에도 불구하고, 교우들은 이상하게 전도에 대한 열정을 상실한 듯 보였다. 얼마 후, 나는 원인이 무엇인가를 알아보기 시작했다. 교우들은 그리스도인으로서 자신의 주된 사역은 다른 사람을 그리스도께 인도하는 것이라고 가르침을 받았다. 이들은 심각한 문제가 있을 때는 언제나 목회적 돌봄을 받을 수 있었다. 하지만 리더들 가운데는 그리스도와 동행한다면 그러한 전도 사역이 필요치 않다는 생각이 지배적이었다. 교회 리더들은 선한 의도를 가지고 열심을 다했고,

그러한 전략이 전도적인 것이라고 생각했다. 하지만 결과는 반대로 나타났다. 나는 계속해서 자신의 진정한 필요가 채워지지 않는다고 소리치는 많은 교우들을 만났다. 이들은 자녀를 양육하고, 직장에서 일하고, 돈을 쓰는 일에 있어서 그리스도인으로서 어떻게 해야 하는지에 대한 실제적인 도움을 얻지 못한다고 토로했다. 교인 개개인의 어려움은 인정되지 않았고, 성장의 필요성도 무시되는 듯했다. 교회는 비현실적인 기대감, 충족되지 않은 필요와 경쟁적인 의제로 가득 찬 공동체가 되어 버렸다. 이러한 것들은 불행한 결혼 생활의 전통적인 징후이자 동시에 비참한 교회의 고질적인 증상이었다.

점진적인 변화와 좀더 성숙하고 고결하며 정직한 삶을 경험하지 못하는 교회는 강단으로부터 수많은 설교를 듣는다 할지라도 전도를 하지 않는 경향을 나타낸다. 이 말은 되풀이할 필요가 있다. 교인들이 월요일부터 토요일까지 생활에 적용할만한 메시지를 받지 못한다면, 이들은 교회로 다른 사람을 인도하고 싶어지지 않을 것이다.

하지만 사람들이 변화를 기대할 수 있고, 예배를 통해 삶의 에너지를 공급받고, 지혜롭고 통찰력 있는 가르침이 있고, 진실한 공동체임을 느낄 수 있는 교회에서는 오히려 교인들이 더 열심히 친구를 데려오는 것을 막을 길이 없어진다. 사람들은 마음 속 깊은 곳에서부터 관대, 친절, 사랑을 갈망하기 때문에 그러한 것을 발견한다면, 그런 아름다운 것들을 당신에게 가르쳐주는 곳을 찾게 된다면, 당연히 자신의 친구들에게도 소개하고 싶어진다. 참된 인간이 되기 위해 우리는, 예수님이 친히 말씀하신 대로 심령이 가난하고, 온유하고, 의에 주리고, 긍휼히 여기며, 청결하고, 화평케 하며, 다른 사람들을 위해 핍박을 받는 법을 배울 필요가 있다. 이러한 것들을 하나님 나라에서 배울 수 있다. 교회가 그 나라처럼 되기 시작할 때, 교회는 굉장히 매력적인 곳이 될 것이다. 다시 말해, 그리스도 안에서 하나님의 통치를 받는다는 것이 무슨 의미인지를 경험할 수 있는 교회가 있다면 교인들은 자연스럽게 다른 사람들도 똑같은 경험을 할 수 있게 되기를 원하게 될 것이다. 변화를 일으키는 교회가 전도를 하는 교회이다.

이러한 이유 때문에 교회의 성장을 따지기 전에 교회의 건강 여부를 검토하는 것이 더 낫다. 건강하면 성장할 것이고, 건강하지 못하면 성장하지 않을 것이다(혹은 자라더라도 기형으로 성장한다). 몇몇 친구들이 한 배에서 태어난 고양이들을 가지고 있었다. 대부분이 적응을 잘 했고, 모양도 좋았고, 엄마 고양이가 잘 먹이고 잘 돌보아주어서 눈이 맑고 기민해졌다. 그러나 고양이 한 마리는 약하고 병이 든 것처럼 보였다. 처음부터 이 어린 고양이는 건강하지 않은 모습이었다. 그 고양이는 음식을 흡수하는 것조차 어려워했고, 다른 고양이의 몸에 단단한 근육과 매끈한 털이 자라는 동안 이 새끼 고양이에게는 한 줌의 뼈 밖에 남지 않았다.

그리고 마침내 그 고양이는 죽게 되었다는 사실이 크게 놀랍지는 않을 것이다. 성장의 열쇠는 건강이다. 건강한 것들은 자란다. 이것은 하나님의 세계에서 생명의 기본적인 법칙 중 하나이다. 그리고 교회 또한 이 규칙에서 벗어나지 않는다.

교회 성장을 위한 기술이 때론 유용하고 효과가 있는 듯하지만, 교회의 내적인 삶과 그 관계들과 사역의 기본적인 건강이 유지되지 않을 때는 그 기술은 별 의미가 없다. 물론 기술을 통해 문제들은 가려지고 교회는 불건강한 상태에서도 억지로 성장할 수는 있을 것이다. 그럼에도 불구하고, 규칙은 여전히 적용된다. 건강하지 못한 유기체의 성장은 종종 변형되고 불유쾌하며 결국 더 큰 고통과 불안으로 몰고 간다.

완벽한 교회를 추구하는 것이 아니다. 나는 아직도 완벽한 교회를 본 적이 없고, 앞으로도 이 세상에선 기대하지 않는다. 온전히 하나님 나라를 반영하는 교회를 성공적인 교회로 본다면, 그러한 교회는 존재하지 않는다. 교회는 병든 자를 위한 병원이지 이미 건강한 자들을 위한 헬스클럽이 아니다. 교회는 항상 마음이 상하고 불완전한 사람들로 가득 차 있다. 건강한 교회와 건강하지 못한 교회의 차이는, 교인들이 다시 하나님의 성령에 의해 연합되는가, 아니면 교회의 한 지체가 되는 것이 오히려 그들을 더 나쁘게 만들 수 있는가의 차이이다. 교인들이 다시 온전케 되어가고, 또한 인간을 사랑하시고, 베푸시며, 고통을 느끼시는 하나님을 알게 됨으로써 사랑과 관대함과 고난과 친절이란 인생의 중요한 덕목들을 터득하게 된다면, 세상 사람들은 바로 그러한 곳에 마음이 끌리게 된다. 변화를 경험할 때 복음 증거는 따라온다.

성장하는 교회들?

교회에서 우리는 회심한 자들에게 설교하고 있는가? 아마도 이 장의 첫 머리에서 회중을 돌보는 목사는 그렇다고 인정했을 것이다. 그는 교인들이 이미 그리스도인이니까 목사가 해야 할 일은 그들을 격려하여 친구들을 데리고 오게 하는 것이라고 생각했을 것이다. 하지만 우리가 고찰한 바대로, 본질적인 측면에서 회심은 결코 끝나지 않는다. 회중을 더 이상 인격적 변화, 혹은 성숙의 필요가 없는 사람들로 여긴다면 저들은 결코 전심으로 전도에 헌신하는 사람들은 되지 않을 것이다. 달리 표현하면, 영적 성장과 성숙으로부터 전도를 분리하는 것은 치명적인 실수라는 것이다. 그 둘은 불가분의 관계로 상호 의존적이다.

교회가 효과적인 전도의 결실을 맺기 원한다면 전도에서 출발하지 않는 것이 더 낫다. 이 말은 결코 전도를 격하시키는 것이 아니다. 교회가 이 사실을 이해하는 범위 내에서 전도를 적절한 위치에 두어야 한다. 교회는 지금의 상태에서 시작하려고 노력하는 것이 더 나을 것이다. 그것이 무슨 뜻인가는 다음 장에서 살펴보기로 한다.

참조

1. Rick Warren 〈목적이 이끄는 삶: 당신의 메시지와 사명을 타협함이 없는 성장〉(The Purpose Driven Church: Growthe without Compromising Your Message and Mission), Grand Rapids, MI: Zondervan, 1995, 52.
2. John Finney 〈오늘 믿음을 발견하기: 어떻게 일어나는가?〉(Finding Faith Today: How Does It Happen?) Swindon: BFBS, 1992, 24.
3. Robert Warren 〈삶의 표지들: 전도의 10년이 어떻세 흘러가나?〉(Signs of Life: How Goes the Decade of Evangelism), London: Church House Publishing, 1996. 65.
4. Lewis R. Rambo 〈종교적 회심의 이해〉(Understanding Religious Conversion, New Haven), CT: Yale, 1993, 165.
5. 〈어거스틴의 참회록〉(Confessions)을 보라.
6. Cargill Thompson 〈루터의 '바벨탑 경험' 의 문제와 그의 지적 발달에 있어서의 그것의 위치〉(The Problem of Luther' s 'Tower Experience' and its Place in his intellectual Development), 〈종교 개혁 연구: 루터에서 후크까지〉(Studies in the Reformation: Luther to Hooker), ed. C. W. Dugmore, London: Athlone Press, 1980, 68~80; Alister E. McGrath 〈루터의 십자가의 신학: 마르틴 루터의 신학적 돌파〉 (Luther' s Theology of the Cross: Martin Luther' s Theological Breakthrough), Oxford: Basil Blackwell, 1985, 176; H. A. Oberman 〈종교 개혁의 여명: 중세 말과 종교 개혁 초기 사상집〉(The Dawn of the Reformation : Essays in Late Medieval and Early Reformation Thought), Edinburgh: T. & T. Clark, 1986, 40.
7. Robin Grill 〈교회를 위한 비전: 왜 당신의 교회는 광야에 있는 펠리칸 새가 되지 않아야만 하는가〉(A Vision for Growth, London:SPCK 1994, 65.
8. Alan Jamieson 〈교회없는 신앙〉(A Churchless Faith), London: SPCK, 2002.

9. Georges Bernanos 〈시골 사제의 일기〉(The diary of a Country Priest), Pamela Morris 역, Glasgow: Collins, 1037, 105.

매력적인 교회 The Provocative Church

변화를 일으키는 공동체

7장
변화를 일으키는 공동체

몇 해 전, 나의 친구 한 명이 평일에 성경공부를 위해 교회에 갔다. 여느 때처럼 한 그룹의 사람들이 죽 둘러 앉아 있는 것을 보았고, 그도 자리를 잡고 앉아서 이번 주엔 새로운 사람들이 꽤 많이 왔다고 생각했다. 그런데 자리에 앉아 참석자들을 자세히 살펴보니 아는 사람이 한 명도 없었다. 시계를 들여다본 후 그는 요일이 맞지 않음을 알게 되었고 엉뚱한 모임에 참석한 자신의 실수를 깨닫게 되었다. 그런데 그 순간 모임이 시작되었고 그는 바로 일어설 수가 없었다. 먼저 어느 중년의 여인이 한 주간을 어떻게 지냈고, 약간의 사소한 실수 외에는 대체로 한 주 동안 '그것'('그것' 이 무엇인지는 몰라도)을 피하는데 성공했다는 이야기를 했다. 이어 참석자들이 차례로 돌아가며 이런 식으로 자신의 삶을 나누자 내 친구는 비로소 자신이 알코올 중독 방지회의 지방 분과 회의에 참석하고 있다는 사실을 깨달았다.

당황한 그는 우물쭈물 사과를 하고 떠났지만, 그 모임에서 깊은 감명을 받았다. 철저한 정직, 실패의 인정, 성공에 대한 축하와 함께 겪는 어려움에 대한 서로간의 격려가 넘치는 모임이었다. 비교하자면 냉랭한 지식 토론을 일삼는, 정기적인 주간 성경공부 모임에선 거의 경험할 수 없는 분위기였다. 알코올 중독 방지회에 모여드는 사람들은 자신이 도움을 필요로 한다는 사실을 알고 있었다. 그들은 사회적으로 인정받는 일을 하는 존경할만한 시민은 결코 아니었다. 그들은 절망적인 상태에서 변화를 추구하였고, 구성원들은 서로에게 영향을 미치며 실질적인 도움을 주었다. 내 친구는 교회도 그 모임과 같았으면 하고 바랐다. 그는 교회 생활을 통해 배우지 못했던 교회에 관한 중요한 사실을 우연히 발견했던 것이다. 교회는 변화를 일으키는 공동체가 되기 위해 설립되었다는 점이다.

앞 장에서 전도를 통해 개인과 공동체가 변화되고, 그 변화된 삶이 전도를 일으키는 순환 원리에 대해 설명했다. 그렇다면, 변화란 실제로 무엇을 의미하는가? 알코올 중독 방지회가 제공하는 변화가 알코올 중독으로부터의 자유라면, 교회는 어떤 종류의 자유를 공급하는가? 더 나아가, 그 변화는 어떻게 일어나는 것인가? 어떻게 개인과 공동체를 변화시킴으로써 교회가 전도의 활성화를 꾀할 수 있는가?

하나님의 주권 아래에서의 삶

알다시피 교회는 하나님 나라의 삶의 모델로서, 비록 부활하기 이전의 모습이긴 하지만 늘 부족한 일면을 나타낸다. 하나님 나라는 여전히 하나의 추상적인 개념처럼 보인다. 그럼, 하나님 나라가 어떤 것인지를 보여주는 모델은 어디에 있는가?

무디(D. L. Moody)는 "세상 사람들은 이제부터 하나님께 온전히 헌신된 자에게 하나님이 하실 수 있는 것이 무엇인가를 목격해야 한다"고 말했다. 이 말은 진리의 절반만 전달하는 진술이다. 세상은 전적으로 하나님의 주권 아래에서 삶을 사셨던 인간, 즉 예수님을 통해 하나님이 하실 수 있는 위대한 일을 이미 목격했다. 변화를 경험한 사람, 곧 하나님의 주권 아래에서 사는 사람이 어떤 사람이냐고 묻는다면 그것은 예수님을 아주 많이 닮은 사람이라고 대답할 것이다. 물론, 문화, 시간 및 언어에 맞게 적용할 필요가 있겠지만, 예수님처럼 무한한 용서와 조건 없는 사랑을 베풀고, 온갖 악의 세력에 용감하게 대항하는 삶의 원리가 오늘날 하나님의 통치를 추구하는 모든 개인과 그룹에서 나타나야 한다.

이런 주장이 무엇을 의미하는가를 정확히 알기 위해 좀더 자세히 연구해 보기로 하자. 우선, 기독론이라는 신학의 분과 속으로 깊이 파고 들어가는 일이 필요하다. 다시 말하면, 이는 예수 그리스도를 어떻게 이해할 것인가의 문제이다. 초대 교회 시대 최고의 사상가들은 이 명제를 오랫동안 그리고 열심히 고민했다. 그들의 논쟁이 때론 복잡하고 애매한 것처럼 보일 수도 있지만, 그들이 씨름한 문제들은 이해해야 할 중요한 것들이다. 그것을 알든 모르든, 예수님을 어떻게 이해하는가 하는 문제는 전도를 포함해 그리스도인의 삶에 큰 영향을 미친다.

예수–신적 인간

4세기 초반, 교회는 핍박과 의심의 그늘로부터 벗어났고, 새로운 로마 황제 콘스탄틴 대제는 기독교를 국교로 채택했다. 교회는 로마 제국을 그 중심에서부터 발전시켜가라는 요청을 받았다. 교회가 이 일을 감당하려면 무엇을 믿는가에 대한 청사진을 만드는 게 급선무였다. '예수님은 주님이시요, 하나님의 왕이시다' 는 선언은 초창기부터 기독교 신학의 중심이 되었다. 하지만 예수님은 어떻게 하나님과 긴밀하게 연결되어지는가? 예수님은 특별히 인간의 탁월한 모본인가? 혹시 희랍 신화에 등장하는 몇몇 인물들이나 근래의 신격화된 제왕처럼 부분만 신적인 존재인가? 아니면, 그는 완전히 하나님이신가? 이러한 의문들은 교회의 정체성을 둘러싸고 거론된 중요한 사안이었고 그 결과 뜨거운 논쟁거리로 발전해갔다.

그즈음, 알렉산드리아 출신인 호리호리하고 진지한 태도의 아리우스(Arius) 사제가 출현했다. 아리우스는 예수님이 어떤 다른 인간보다 하나님께 더 가까이 계셨다는 이유만으로 예수님을 하나님의 아들이라고 가르치기 시작했다. 그는, 하나님은 유일무이한 존재라는 중요한 성경적 관점을 유지하기 위해 아들 예수는 피조물의 최고 절정으로 보아야 한다—하나님의 일부가 아닌 창조된 순서의 부분으로만—고 믿었다. 하나님은 한 분이시기에 분리될 수 없었다. 만약 예수님이 어떤 점에서 신적인 존재라고 한다면, 그것은 하나님을 이분화하는 것을 의미한다. 따라서 그는 예수님은 하나님과 같은 본성을 가진 존재라고 말할 수 없다는 판단을 한 것이었다. 기나긴 논쟁 후, 주후 325년 니케아 종교회의는 반대의 관점을 채택했다. 그리고 새로운 헬라어 '호모시오스'(homoousios)를 만들었는데, 이는 예수님이 하나님 아버지와 '동일한 존재에 속하신'(오늘날 아직도 니케아 신조라고 부른다)—그는 하나님의 본성을 가졌다—분이심을 의미한다.

하지만 니케아 회의는 그 논쟁에 종지부를 찍지 못했다. 이후 여러 해 동안 아리우스의 주장이 인기를 얻었다. 그러자 또 다른 알렉산드리아인이자 공격적이고 성미가 급한 아타나시오스(Athanasius)가 논쟁의 주도권을 잡았고, 그는 니케아의 입장을 옹호하고 나섰다. 아타나시오스는 아리우스의 관점이 구원의 가능성을 위협하는 것이라고 생각했다. 인간은 원래 하나님의 선하심을 모방하도록 창조되었다. 인간은 하나님의 본성과 이미지를 지니고, 사랑하고, 관대하며, 지혜롭고, 영원히 살 수 있는 능력을 부여받은 것이다. 우리의 진짜 정체는 하나님의 형상이며, 진정으로 인간이 된다는 것은 하나님의 사랑의 본질을 나누는 것을 의미한다. 하지만 아담의 최초의 불순종으로 인하여 우리는 그 하나님의 형상을 잃어버렸고, 대신 육체적인 쇠퇴를 겪는 우둔한 존재로 전락하고 만 것이다. 다시 말해 우리는 점점 더 비인간적으로 되어가며, 하나님과 선을 추구하기보다는 이기적 쾌락과 교만에 찬 적의와 같이 인간을 파괴시키는 것에 사로잡혀 있다. "간음과 절도가 도처에 있었고, 살인과 강간이 지구를 가득 채우고, 법은 부패와 불의 속에서 무시당하고, 온갖 유의 죄악들이 개인과 그룹에 의해 자행된다."[1)]

인간의 상태에 대한 아타나시오스의 묘사가 틀린 것은 아니다. 우리가 일찍이 만났던 자크 엘룰과 테리 이글톤도 동의할 것이다. 하지만, 그의 주장에서 주목할 만한 것은 이러한 행동이 더 심각한 불안의 증거, 즉 하나님을 닮은 사람으로서 인간의 존엄성을 잃어버렸다는 점이다. 창조된 목적의 위대성에 비하면 우리는 참된 자아의 희미한 그림자에 지나지 않는다. 우리는 하나님보다는 오히려 동물과 비슷하게 되었다. 우리는 위축되고 비인간적인 모습을 한 채 죽을 운명에 놓여 있다. 하나님의 형상을 잃어버렸을 때 우리는 진실한 인간성을 상실한 것이다.

이제 하나님은 딜레마에 빠지셨고, 인간에게 하나님의 형상을 회복시킬 방법을 궁리하신다. 아타나시오스는 중대한 선택의 기로–망가진 피조물을 하나님의 사랑을 받을 가치조차 없는 존재로 버리든가, 아니면 극진한 사랑으로 인간의 상황을 변화시키는 행동을 하시는 것–에 선 하나님의 모습을 그린다. 하나님은 친히 대가를 치러야 함에도 불구하고 후자를 선택한다. 아타나시오스는 이러한 위기에 대한 해결책이 하나님이 친히 몸을 입고 오신 성육신 사건이라고 믿는다. 그 다음에 하나님이 무엇을 해야만 하셨는가? 인간에게 하나님의 형상을 회복시키심으로써 인간이 하나님을 다시 한 번 알 수 있게 하는 것 외에 다른 무엇을 할 수 있으시겠는가? 그리고 하나님의 형상인 우리 주 예수 그리스도가 오시지 않고서는 어떻게 그 일이 가능할 것인가?[2)]

우리가 좀더 열심히 하려고 하고, 죄송해 하고, 다음에 더 잘할 수 있게 하는 것만으로는 문제의 뿌리를 다루는데 실패할 것이다. 필요한 것은 외적인 공적이 아니라 내적 본질의 변화이다.

불순종은 그것에 대한 근본적인 해독제가 발견되지 않는 한, 우리를 멸망시키기 위해 위협하는 유행병과도 같은 것이다. 문제는 몇 가지의 사소한 도덕적 실수가 아니라 하나님의 형상을 잃어버린 비극이다. 아타나시오스는 이것이 사실이라면, 하나님의 형상이 회복될 수 있는 유일한 길은 하나님의 형상이 인간성 속으로 복구되는 것이라고 주장한다. 하나님 자신만이 이 일을 하실 수 있기 때문에 아타나시오스는, 예수님은 피조물 중 최고(아리우스가 가르쳤던 것처럼), 혹은 인간이 따를 수 있는 상당히 좋은 본보기가 아니라 하나님의 본성을 함께 가지시고 인간성을 회복시키시어, 우리 또한 하나님의 본성을 공유할 수 있게 해 주시는 분이심을 분명히 한다. 예수님이 인간이기만 하다면 아무리 훌륭하실지언정 당신이나 나보다 더 낫게 하나님의 형상을 회복하실 수가 없다. 그리스도는 자발적으로 죽기까지 복종하시며, 죽음으로 인간이 진 빚을 갚으시고 부활하심으로써 불가피한 부패와 쇠퇴의 길을 되돌리신다. 이제 병든 인간성에 새로운 생명이 주입된다. 우리를 회복시키려고 다시 하나님의 형상이 들어오심으로 인해 피할 수 없었던 결과는 역전되고 완전한 건강과 참된 자아로의 회복이 이루어진다.

아타나시오스는 이 사실을 명확히 하기 위해 예화를 사용한다. 그는 한 예술가가 초상화를 그렸는데, 그림이 손상을 입고 파손되어 얼굴이 찌그러진 초상화의 모습을 상상해 본다. 예술가는 그 그림을 던져버리기보다는 오히려 인내하며 초상화를 다시 그린다. 그리하여 본래의 상태로 되돌린다. 인간 안의 하나님의 형상이 죄와 불순종으로 일그러졌으나, 거룩한 예술가인 하나님은 그 전체를 폐기처분하기보다는 인간 속에 하나님의 형상을 다시 그리신다. 그 그림은 인간성이 어떠해야 하는가에 대한 그림으로, 하나님은 인간 예수를 통해 이 일을 하신다. 예수님은 완전한 인간의 그림이며 동시에 완전한 하나님의 형상이다. 하나님의 형상을 닮는다는 것은 완전한 인간이 되는 것이다.

아타나시오스의 시대가 지난 후 논쟁은 다른 통로를 따라 계속되었다. 예수님이 하나님의 본성을 공유하신다면 예수님의 신성은 어떻게 그의 인간성과 관련을 맺는가라는 질문이 야기되었다. 첫 번째 질문이 주후 325년 니케아 종교회의에서 결론을 내렸던 것처럼, 두 번째 질문은 주후 451년 칼케돈 공의회에서 결론에 도달했다. 공의회는 콘스탄티노플의 논쟁을 좋아하는 네스토리우스(Nestorius) 주교의 주장과 거리를 두었다. 즉, 예수님의 인성과 신성은 그 둘이 동일한 몸속에 공존하는 완전히 다른 실체처럼 분리된 기능을 하는, 전적으로 서로 다른 것이라고 결론을 내렸다. 그리스도의 인성과 신성의 구별을 없애는 실수에 빠지지 않고, 공의회는 예수님은 '완전하게 동일한 신성과 완전하게 동일한 인성을 지니신 참 하나님이며, 참 인간' 이심을 주장했다. 다시 말하면, 하나님의 아들 예수님은 하나님의 완전한 그림이셨다. 동시에 예수님은 인간의 완전한 그림이셨다. 칼케돈의 신부들이 강조하려고 했던 요점은 본질적으로 아타나시오스가 주장했던 것과 똑같다. 즉, 완전하게 하나님의 형상을 닮는 것은 완전한 인간이 되는 것이며, 우리는 예수님 안에서 그것이 의미하는 바의 실제적인 모델을 가지고 있다는 것이다.

고대 기독론 학문 연구의 요점은 우리가 하나님을 닮아가면 닮아갈수록 우리는 더욱 더 인간다워진다는 것이다. 아타나시오스에게 있어 구원이란 하나님을 닮아가는 것, 우리 안에 회복된 하나님의 형상을 가지는 것을 의미한다. 동시에 그것은 우리가 원래 창조되었던 목적으로 회복되어 더 충만하게 인간다워지는 것을 뜻한다. 칼케돈의 신부들은 다른 상황에서 똑같은 이야기를 한 것이었다. 예수님은 완전한 하나님의 형상이고, 동시에 인간이 마땅히 어떠해야 하는가에 대한 완전한 이미지시다. 이 사실은 결코 우연이 아니다. 그것은, 예수님은 완전히 하나님이라는 사실에도 불구하고 완전한 인간이라는 것이 아니라, 예수님은 완전히 하나님이시기 때문에 완전히 인간이란 것이 정확한 표현이다. 그것은, 공통적으로 귀한 것을 거의 가지지 않은 돌과 물처럼, 인성과 신성은 전혀 다른 별개의 것이 아니라는 것이다. 그 둘은 구별되지만 우리가 하나님처럼, 하나님의 형상대로 지은 바 되었기 때문에 인간이 “신의 성품에 참예하는”(벧후 1:4) 일이 가능하며, 어떤 측면에서는 필요하기까지 하다.

이것이 어떤 의미를 지니는가를 잠시 숙고해 보자. 성경에서 발견되는 하나님의 성품의 특성은 사랑, 자비, 용서, 창조 능력, 신실, 인자 등이다. 당신이 알고 있는 최고의 사람들을 생각할 때, 가장 인간다운, 최고의 인간성의 모본이 되는 사람들은 하나님과 같은 사랑, 자비, 용서, 창의력, 신실, 인자로 가득 차 있는 사람들이라는 결론을 내리게 될 것이다. 즉, 당신이 하나님을 닮아가면 닮아갈수록 당신은 더욱 더 인간다워진다.

'완전' 이라고 말하면 우정이나 친절, 일, 스포츠 같은 일상의 삶과는 거리가 먼, 유리병 속에 든 추상적인 이상에 대해 상상의 날개를 펼 것이다. 하지만 예수님을 '완전한 인간' 이라고 부를 때는 미묘하고 만질 수 없는 완전무결이 아닌 우리가 상상할 수 있는 최고의 인간–깊은 우정과 환대로 친절을 베풀고, 일은 철저히 하면서도 마음껏 웃고 즐기는 어떤 사람–에 대해 생각할 수 있다.

그럼에도 불구하고 예수님이 하나님이라는 주장은 그분과 우리 사이에 거리감을 만든다. 과거 많은 신학자들은 이것을 강조하였고, 결국 예수님은 우리에게서 아주 멀고 무서운 분으로, 그와 관계를 맺기 위해선 그의 어머니나 과거의 다양한 성자들과 같은 중보자들을 거쳐야만 했다. 하지만 초대 그리스도인들이 말한 것을 진지하게 들어보면, 예수님을 하나님의 형상을 소유하고 반영하는 분으로 인정할 때, 예수님은 우리에게서 멀어지는 것이 아니라 더 가까이 오신다는 것을 알 수 있다. 그는 소원하고 도달하지 못할 유령이 아니라 우리가 그렇게 되도록 부름을 받았고, 그리고 어느 날 하나님의 은혜로 우리가 될 수 있는 바로 그 형상이 되신다.

때때로, 기독교를 정말 진지하게 받아들인다면, 우리가 신비롭고 이상하게 될까봐 염려를 한다. 그런 두려움을 강화하는 이상한 종교적인 사람들의 예가 우리 주변에 충분히 있다. 종교나 교회 자체에 심취하는 것은 다른 활동과의 균형을 맞추지 못할 수도 있으며, 본질적으로 이런 변화에 대한 보증이 없다. 그러나 참된 하나님을 향한 강렬한 관심은 전혀 다른 것이다. 아타나시오스에겐 하나님께 더 가까이 가는 것이 진실한 인간성을 성취하는 것이고, 주님이신 예수님께 복종하는 것이 가장 큰 자유를 만끽하는 삶이었다. 하나님을 믿는 일은 비정상적이고 이상하게 되는 것이 아니라 가장 정상적인 사람이 되는 길이다.

다시 인간이 되다

교회는 사람들이 하나님의 형상인 온전한 인간으로 변화될 수 있는 무대이다. 그것은 하나님의 주권 아래에서 충만하게 예수님처럼 살아가는 것을 뜻한다. 그러므로 전도는 이 사실을 끊임없이 염두에 두어야 한다. 몇 사람의 다른 고객들과 함께 천국행 대기실을 서성대는 정도가 아니라 최고로 만족하며 과감하게 살 수 있고, 장차 올 세대에서 완성되고 완전해질 하나님 나라의 변화된 삶으로 초청하는 것이다. 그것은 개인적으로나 혹은 함께 사람들이 예수님을 더 닮아가는 공동체의 일부분이 되라는 초대이다. 그것은 또한 오만, 시기, 고통, 잔인으로 특징지어진 인간성이 아닌 더 인자하고, 겸손하고, 즐거워하고, 생기발랄해지는 성품으로의 변화를 의미하는 것이다.

이는 오늘날의 교회도 예수님 같이 되어야 함을 시사한다. 개별적인 그리스도인 뿐만 아니라–이들도 예수님을 닮아가도록 부르심을 받았지만–교회는 전체로서 항상 사람들에게 예수님을 상기시켜야 하는 곳이다. 교회는 세상 사람들에게 자신의 운명에 대해 생각해 보게 만들며, 그들의 진정한 왕이 누구인가를 일깨워주고, 그들에게 원래의 창조 목적으로서 인생의 그림을 보여주기 위해 존재하는 것이다.

이러한 교회의 원리는 나머지 기독교 신학이 시작되는 곳이다. 어떤 의미에선, 예수님처럼 된다는 것은 모순적인 논리이다. 우리 안에 하나님의 이미지를 회복하려고 애쓰는 것은, 마치 테니스에 능숙하지 못한 상태에서 윔블던(Wimbledon; 런던 교외의 국제 테니스 선수권 대회 개최지) 챔피언처럼 이기려고 안간힘을 쓰는 것과 같은 결과를 낳을 것이다. 이런 일이 가능할 수 있도록 하는 유일한 방법은 훨씬 더 깊은 변화가 일어나게 함으로써이다.

마약 중독자는 먼저 중독의 물리적 영향력에서 벗어나야 할 필요가 있다. 그 다음에는 약물 중심의 생활 방식에서 다른 방식의 삶으로 옮겨가는 변화의 걸음을 내딛어야 한다. 알코올 중독 방지회는 이에 대해 알고 있다. "우리가 이 협회에 가입한 것은 우리의 힘으로 음주하지 않으려는 노력을 마침내 포기하였기 때문이다." 그 유명한 알코올 중독 방지회의 12단계는 문제를 인정하는 것으로 시작하여 '우리보다 더 위대한 힘이 우리를 온전한 정신 상태로 회복시킬 수 있다' 는 확신으로 나아가고, 완전히 다른 행동 양식의 차원에 이르는 것으로 끝난다.

기독교 신학은 솔직하게 이야기한다. 우리 모두를 중독자로 생각한다. 우리는 약물이나 술에 중독되지는 않았을는지도 모르지만, 하나님보다 우리 자신 중심으로, 다른 사람들의 것보다 우리 자신의 것에 더 많은 관심을 둔 생활에 중독된 채 살고 있다. 이런 삶의 태도는 명백히 하나님의 형상을 잃어버린 증거이다. 알코올 중독자가 요리에 곁들여진 위스키의 유혹을 뿌리치지 못하는 것처럼, 우리 또한 저항 없이 직장의 동료를 깎아내리는 교활한 언사를 마구 쓰거나 혹은 다른 사람들의 고통을 쳐다만 보고 아무 것도 할 수 없는 나태한 자신을 발견하곤 한다. 온 마음으로 사랑할 수 있는 우리의 능력은 알코올 중독자의 자아 통제만큼이나 영향력을 발할 것이다.

이와 유사하게 변화는 우리가 깨끗하게 창조되었으나 더럽혀졌다는 사실을 깨닫는 순간부터 시작된다. 변화는 계속하여 청결하게 되어가는 것으로 대속, 즉 그리스도께서 대신 죽으심으로 우리의 죄가 용서를 받고 다시 백지상태로 돌아갈 수 있다는 것이다. 이 사실은 대단히 중요하다. 이 용서의 약속에 근거하여 우리는 죄사함을 믿고 하나님께서 우리를 수락하셨음을 알게 된다. 이제 하나님은 우리 속에서 그의 형상으로 변해가는 회복의 역사를 계속하신다. 하나님을 닮아가는(혹은 당신이 좋다면, 경건) 것은 인간의 노력이 아닌 성령의 역사이다. 하나님이 우리 속에서, 우리의 이기적인 열망을 자비로운 마음으로, 파괴적인 습관을 창조적인 것으로 바꾸는 변화를 일으키시는 것이다.

그리하여, 그리스도인은 늘 삼위일체의 사역의 틀 안에서 살아가게 된다. 즉 성부 하나님에 의해 창조되고, 성자 하나님에 의해 구속함을 받고, 성령 하나님에 의해 변화를 체험하는 것이다.

그 변화는 세상과 하나님의 정당한 자산인 우리 자신을 이해하는 새로운 구조를 포함한다. 그것은 새로운 습관, 새로운 생활양식, 사람과 환경에 대한 새로운 접근 방법을 확립하는 것을 의미한다. 그것은 기독교 신학이 말하는 대로 모든 것이 진리인 것처럼 믿고 사는 삶을 뜻한다. 예수 그리스도는 하늘과 땅의 주님이시요, 죽은 자 가운데서 부활하셔서 죽음을 무너뜨리시고 원수를 파멸시킴으로써 더 이상 두려워할 것이 없게 만드셨다. 변화는 또한 그리스도가 나의 죄를 대신해 죽으셨기 때문에 혹여 내가 죄를 범한다 할지라도 궁극적으로는 용서를 받을 것이며, 따라서 수치스럽게 살 필요가 없다는 것을 의미한다. 그것은 내가 만나는 모든 사람을 하나님의 형상으로 창조된 고귀하고 존엄성을 지니며, 하나님의 본성을 다른 사람들과 함께 나눌 능력을 가진 사람으로 여기는 것을 뜻한다. 그것은 이 세상은 선하신 하나님의 은혜가 충만한 곳이며, 하나님의 소유와 선물로서 축하하며 보호하고 보존해야 할 곳으로 믿고 살아가는 것을 의미한다. 더 나아가서, 변화는 내가 무조건적으로 따뜻하게, 끊임없이, 전적으로 사랑을 받으며 사는 것을 시사한다.

언젠가 나는 그리스도의 제자가 될 것인가를 놓고 진지하게 고민하는 한 젊은 학생과 이야기를 나눈 적이 있다. 그는 찬반 이유들을 곰곰이 따져보았으나 결정하기 힘들다는 것을 알았다. 믿어야 할 타당한 이유가 있는 듯이 보였으나, 그 다음엔 다시 절대적인 결론이 나지를 않았다. 그가 어느 길로 가야할 지 알지 못해 곤경에 빠졌을 때 나는 그에게 한 가지 실험을 해 보라고 제안했다. 하나님이 정말 들으시는 것처럼 기도하고, 하나님이 그 말씀을 통해 당신에게 말씀하려고 하는 것처럼 성경을 읽고, 다른 그리스도인들과 함께 모일 때 하나님이 진정으로 그들 가운데 계신 것처럼 그들과 함께 있어보라는 것이었다. 또 자신뿐 아니라 매일 만나는 모든 사람들이 다 하나님의 사랑을 받는다고 믿고 생활하라고 했다. 그는 이 말이 합리적이며 불가능하지 않다고 생각했고 한 번 시도해 보겠다고 말했다.

한 주가 지난 후 그가 돌아왔다. 나는 즉시 무엇인가가 달라진 것을 눈치 챌 수 있었다. 이전에 근심으로 찌푸려졌던 얼굴엔 환한 미소가 돌았다. "당신이 말씀하신 대로 했더니 효과가 있더군요! 나는 그것이 진짜인 것처럼 살아 보았는데, 이제 그것이 진짜임을 알게 되었어요." 그는 변화를 경험하기 시작한 것이었다.

진정한 변화

하나님의 통치라는 메시지에 응답한다는 것은 새로운 가치 체계가 한 사람이나 공동체 생활의 모든 국면을 지배하게 된다는 뜻이다. 따라서 전도의 목표도 개인이나 공동체의 삶 전부가 하나님의 다스림 속으로 들어가게 만드는 것이어야 한다. 그러나 안타깝게도 때때로 일어나는 변화는 다만 이것을 약간 모방하는 정도에 그친다는 것이다. 활력이 넘치며 감격으로 시작한 새로운 삶이 그저 몇 가지 습관—주일 아침 잔디를 깎는 대신 교회에 가는 것, 몇 명의 새로운 친구들, 맹세를 많이 하지 않는 것 정도—을 고치는 것으로 끝나버린다. 로이 맥클로리(Roy McCloughry)는 "서구 사회에선 너무 자주 사람들이 자신의 나머지 삶에 새로운 종교적 구획을 덧붙임으로써 전도의 메시지에 응답한다"[3]고 지적한다. 그것은 건물의 나머지 부분은 그대로 둔 채 집을 확장 공사한 것과도 같다. 유일하게 달라진 것은 주말에 즐길 수 있는 멋진 종교적인 온실이 만들어진 것 정도이다. 전도를 우리의 삶이 하나님의 통치를 받는 초대 정도로 이해한다면 그것은 온전한 깨달음이 아니다. 전도는 변화를 촉구하는 초청이 되어야 한다.

앞에서 말한 구획의 개념은 '도세틱'(Docetic)으로 알려진 일종의 기독론에서 유래한 것이다. 이 단어의 어원은 '~인 듯하다'라는 의미의 헬라어 '도케오'(dokeo)이다. 도세틱 기독론에 의하면, 예수님은 인간인 것' 처럼 보였다' 이다. 실제로, 예수님은 인간의 형태로 오신 신성한 존재이다. 초대 교회 신학계의 몇몇 인물들은 위험스럽게도 이 아이디어를 장난삼아 발설했다. 아폴로리나리우스(Apollinarius)라는 사람은 예수님은 인간의 몸을 가졌지만 영혼은 전혀 인간적인 것이 아니었다–순수하게 신적인 존재–고 생각했다. 우리는 그것을 '스타 트렉(Star Trek; 미국 과학 소설)의 등장인물을 따서 '소행성(Mr Spock) 신학' 이라고 부를 수 있다. 스타 트렉은 외부적으론 인간처럼 보이지만(귀는 제외하고), 내면은 인간적 감성을 느끼거나 이해할 수 없는 순수한 불(불카누스)의 신과 같은 존재였다.

아폴리나리우스의 견해가 이단으로 선포되었음에도 불구하

고 오늘날 여전히 도세틱 그리스도론을 주장하는 자들이 많다. 하지만 그들 자신은 자신들이 주장하는 바를 도세틱 기독론이라고 부르길 원치 않을 것이다. 이런 현상은 그리스도인이 된다는 것은 실제 생활에 아무런 영향을 미치지 않는다는 생각을 하게 만든다. 즉 그리스도인이 된다는 것은 내면의 영적 세계에 다소 작용을 하는 정도로 당신의 감정과 주일에 당신의 행동에 영향을 미칠 뿐이라는 것이다. 예수님–땅에서 18인치 높이로 떠다니고, 결코 배고프거나 피곤하거나 실망한 적이 없는 초자연적인 인물–은 우리가 직면하는 인생의 여러 문제들을 이해할 리가 없다. 하지만 달라스 윌라드(Dallas Willard)가 언급한 대로, 예수님은 "우리가 논해야 할 분, 그것도 현재 다루어야 할 분이라기보다는 어떤 영적 영역과 관련하여 고려해야 할 분이시다."[4)]

예수님이 실제 삶과 아무런 관계가 없다면 그리스도인으로서 나의 믿음은 실생활과는 거의 관계가 없을 것이다. 나의 나머지 인생은 실패를 거듭하고, 떳떳하지 못한 타협을 일삼으며 약속을 깨뜨리는 등 이전과 똑같이 진행될 것이다. 그리스도인이 되었다는 것은 대부분의 시간 나의 생각을 지배하는 것들에 대해 뚜렷한 변화를 일으키지 못할 것이다. 바로 이러한 점이 오늘날 서구 교회들이 고투하고 있는 이유 중 하나이다. 그들이 최신식 경영 기술을 채택하지 못했거나, 포스트모던 사상을 이해하지 못했거나, 기술적으로 시대에 뒤떨어졌기 때문이 아니다. 오늘날 서구 그리스도인들 중 많은 사람들이 불신자 친구들, 이웃들, 직장 동료들과 구별되는 삶을 실제로 살지 않기 때문이다. 나는 특별히 누군가를 비난하기 위해 이것을 언급하는 것이 아니다. 언젠가 한 젊은이가 나에게 말하였다. "내가 그리스도인이 되지 못하는 이유는 그리스도인들이 행동하는 방식과 비그리스도인들이 행동하는 방식 사이에 아무런 차이를 발견하지 못하기 때문입니다."

성공적인 듯한 많은 교회들을 들여다 볼 때, 기독교가 우리의 삶과는 달리 온갖 종류의 실재로 구성된 복합적인 우주와도 같다는 느낌을 받게 된다. 그리스도인들이 전도라는 말에 식상해 하고, 실망하고, 급기야 전도하는 시늉만 내게 된다면 전도에 미치는 영향력은 비참할 것이다. 만약 그러한 모습이 그리스도인 삶의 전부라면, 불신자 친구들에게 친절을 베푼다 할지라도 그 친구들은 교회로 인도하려는 모든 선의의 호소들을 조용히 무시해 버릴 것이다.

이것은 신약 성경, 아타나시오스 및 칼케돈의 신부들이 의도했던 하나님의 형상으로의 회복이 아니다. 그들에게 하나님을 닮아가는 새로운 변화는 한 사람의 삶의 세세한 부분에까지 하나님이 관여하신다는 것이었다. 우리가 하나님의 뜻이 이루어지는 영역인 하나님의 주권 아래에서 우리의 삶을 맡긴다는 것은 단순히 우리 집을 확장해서 신앙생활을 위한 방 하나를 덧붙인다는 뜻이 결코 아니다. 그것은 집을 온통 다시 새롭게 건축하는 것인데, 튼튼하고 굳건한 반석 위에다 하는 것이다. 우리의 빈약한 상상력으로는 하나님의 이미지, 영광 등을 의미하는 초대 교회 그리스도인의 언어를 이해하기 어렵겠지만, 그들이 의미한 것은 예수님을 통해 누릴 수 있는 새로운 인생은 하나님의 임재와 형상으로 우리를 이끄는 성령에 의해 인도되고 감동받는다는 것이다. 우리는 분명히 하나님을 닮아가도록 창조되었다. 한없이 변덕스러운 권력과 고함치는 고압적인 권위–그리스나 이방 신들의 모습–가 아닌 성경의 하나님을 닮도록 계획된 것이다. 무한한 권력은 겸손, 자기희생, 절제를 배우지 못한 자들의 손에선 항상 위험천만한 것이다. 우리는 하나님의 창조적인 사랑과 한없는 인자를 베푸시는 하나님과 같이 될 수 있는 것이다. 루이스는 이렇게 표현한다. "하나님은 하나님 자신과 동일한 유의 존재로 당신을 변화시키기 시작하신다. 하나님은 하나님과 같은 종류의 생명과 생각, 그분의 생명 자체를 당신에게 투입시키기 시작하신다."[5)]

어느 누구도 이 과정을 만들 수 없다. 어떤 인간의 프로그램도 이 사건이 일어나게 하지 못한다. 하나님의 형상이기 때문에 하나님만이 회복시킬 수 있다는, 아타나시오스가 확실하게 깨달은 대로이다. 그럼에도 불구하고, 마치 정원사가 좋은 땅을 골라서 적당하게 물을 주고 일조량이 많은 곳에 식물을 심음으로써 성장의 바탕을 마련할 수 있는 것처럼, 우리 또한 회복의 과정이 일어날 수 있는 상황을 창출할 수 있을 것이다. 교회는 변화와 그에 수반된 전도가 뿌리를 박게 하려면, 이 모든 것들에 주의를 기울일 필요가 있다. 그것을 어떻게 할 것인가는 다음 장의 주제이다. 이제 이 장을 마무리 하기 전에 중요한 한 가지를 더 다루기로 하겠다.

변화를 일으키는 장소

교회는 비정상적인 사람들을 정상적인 사람으로 변화시킬 수 있는 곳이어야 한다. 그림자에 지나지 않던 사람들이 진짜 인간으로 바뀌어져야 한다. 이기주의와 자아중심주의의 파괴적인 습관에 중독된 채 거의 죽어가고 있던 사람들이, 심지어 상처를 입을 때에도 남을 사랑할 수 있는 풍요롭고 생기발랄한 삶의 변화를 경험한다. 동시에 이 동일한 능력으로 교회는 지역 사회의 생활에 변화를 초래하는 곳이 될 수 있다.

하나님의 통치는 교회뿐 아니라 전체 피조물로 확장되어간다. 건강한 교회는 그 주변에서 온통 하나님의 통치가 효력을 발생하며 두드러지게 나타나는 것을 볼 것이다. 교회가 병 고침을 위해 기도할 때 사람들은 우리를 위한 하나님의 돌보심을 증거할 신체적 건강을 다시 찾게 될 것이다. 가정을 개방하고, 나그네들을 환대하고, 마약 중독자들을 위한 기독교 재활 센터를 건립하는 등의 사려 깊고 친절한 행동은 하나님의 통치하심을 실증하며, 교회만이 아니라 온 세상에 커다란 변화를 초래할 것이다.

우리는 여기에서 '이 땅에 하나님의 나라를 가져오는 것' 에 대해 이야기하는 것이 아니다. 그 같은 구호는 1차 세계대전이 서유럽의 오만을 깨뜨리기 전인 19세기 말, 야심에 찬 신학자들과 사회 개혁가들 가운데서 유행한 부르짖음이었다. 죄에 중독된 인간에 대해 깊이 파악하지 못한 채 그들은 실제로 하나님 나라를 건설할 수 있다고 생각했다. 하지만 이제 우리는 철이 들었다. 전쟁, 유대인 대학살, 테러 행위, 집단 학살로 얼룩진 한 세기의 세월은 우리를 더 겸손하게, 더 낙천적으로 만들었다. 니코스 카잔차키스(Nikos Kazantzakis)의 책 〈마지막 유혹〉(The Last Temptation) 끝부분의 잊지 못할 장면에서 예수님이 십자가를 지고 골고다까지 가실 때, 예루살렘의 병자들과 신체장애자들은 예수님이 그들 모두를 고쳐주지 않았기 때문에 그에게 막대기, 돌, 심지어는 목발까지 던졌다.[6] 예수님의 기적과 병 고침, 그리고 하나님 나라가 가까이 왔고 모든 사람들이 거기에 들어갈 수 있다는 표시들은 보편적인 것이 아니었다. 예수님은 질병과 악과 죄를 영원히 추방하지 않으셨다. 그것은 여전히 있을 것이다. 하나님 나라가 임한다면, 그 나라가 임하게 하는 분은 우리가 아니라 하나님이실 것이다.

예수님의 기적은 이 땅의 붕괴된 권력과 파멸된 적들을 보여주신 것이었고, 때때로 그 가시적인 징조들을 볼 수 있다. 그리스도의 몸된 교회는 이 땅에 육신으로 오신 예수님을 증거하도록, 이를테면, 예수님이 행하셨던 것을 행하고, 예수님이 말씀하셨던 것을 말하도록 부르심을 받았다는 것이다. 교회는 예수님의 죽음을 당하거나 죽음을 이기신 그의 승리를 맛볼 수 없지만, 예수님의 죽음과 부활의 양상을 그대로 따라가야 한다. 그리고 교회는 치유하는 하나님의 능력을 기대하며, 하나님의 용서를 베풀며, 지혜로운 예언의 말씀을 선포할 수 있다. 교회가 이렇게 성숙해 갈 때, 교회는 하나님의 통치를 인정하는 사람들의 삶 속뿐 아니라 아직 그렇지 못한 지역 사회에서도 하나님의 나라를 건설할 수 있을 것이다.

건강한 교회는 두 가지 의미에서 변화를 일으키는 공동체이다. 알코올 중독 방지회가 그 회원들의 중독을 해소시키며 더 나은 어떤 것으로 대치하는 것과 똑같이, 교회는 교우들의 삶에 변화를 경험케 하는 공동체이다. 또한 교회는 그 주변의 지역 사회에 느리지만 확실한 방법으로 변화가 일어나게 한다. 교회가 이런 일들을 할 때 지나치게 열심히 노력하지 않더라도 전도의 열매를 맺기 시작할 것이다.

슬픈 사실은 교회가 이러한 것들을 경쟁적인 문제–전도와 사회봉사나 개인적 성장 사이에서 선택해야 하는 것처럼-로 보아 왔다. 이것들은 모두 함께 가는 것이며 동시에 해야만 효과를 볼 수 있는 것이다. 교회가 진정한 교회가 되어 교회가 갖고 있는 사명의 중요성과 성령으로부터 그 자원을 얻을 수 있음을 깨닫게 될 때, 지상에서 하나님의 교회에 맞설만한 것은 아무 것도 없을 것이다.

참조

1. Athanasius 〈성육신〉(De Incarnatione), 5.
2. Athanasius 〈성육신〉(De Incarnatione), 13.
3. Roy McCloughry 〈바늘귀〉(The Eye of the Needle), Leicester: IVP, 1990, 123.
4. Dallas Willard 〈하나님의 모략〉(The Divine Conspiracy), London; Fount, 1998, 1.
5. C. S. Lewis 〈단순한 기독교〉(Mere Christianity), London: Geoffrey Bles, 1952, 150.
6. Nikos Kazantzakis 〈마지막 유혹〉(The Last Temptation), London: Faber & Faber, 1975, 451.

매력적인 교회 The Provocative Church

복음 전도적인 교회를 어떻게 알 수 있는가?

8장
복음 전도적인 교회를 어떻게 알 수 있는가?

어린 시절, 여름 방학이 되면 우리 가족은 짐을 꾸려서 나룻배를 타고 아일랜드 섬으로 갔다. 킬케니, 티퍼레리, 리머릭 같은 작은 섬들을 지날 동안 나와 누이는 뒷좌석에서 계속 잠을 자다가 마침내 배가 클레어에 있는 작은 마을에 진입할 때가 돼서야 눈을 뜨곤 했다. 그 곳은 우리가 몇 주 동안 친구들과 함께 느긋한 휴일을 보낼 장소였다. 아일랜드 섬의 서부 연안은 거친 바다를 만끽할 수 있는 상쾌한 곳이다. 도착하자마자 우리는 바닷가 바위 위나 혹은 가까이 있는 경사가 진 갑(岬)으로 올라간다. 더운 도시와 후덥지근한 거리의 답답함이 싹 씻겨 내려가는 기분이었다. 대서양을 바라보며 서 있으면, 얼굴을 강하게 때리는 바람과 함께 머리카락을 낚아채려는 듯 저 아래 찰싹거리는 파도로부터 밀려온 물보라가 우리의 입에 신선한 소금기를 남겼다. 마치 새로운 세계로 들어가는 듯한 느낌이었다. 강력하고 청결케 하는 바람의 위력에 학교와 도시에서의 재미없던 기억들이 온통 날아가는 통쾌함을 맛본다. 저 멀리 요동치는 바다 속으로 파묻히는 절벽에는 위험이 도사리고 있는 듯 보였다. 긴 여름휴가가 우리 앞에 펼쳐질 때 기대감으로 가슴이 벅차오른다. 그것은 우리가 더 생기발랄해지며, 또한 주변 상황에 민감하게 반응할 수 있는 세상, 물론 안전을 보장하거나 예측하기는 어렵지만 어쨌든 유쾌하고 활력이 넘치는 경이로운 세상이었다.

그 때의 경험은 하나님 나라로 들어간다는 것이 어떤 의미인지를 내게 암시해주었다. 예수님은 사람들을 새로운 세계로 안내하셨다. 예수님은 하나님이 왕이시며 하나님의 뜻이 이루어지는 곳인 하나님의 나라로 사람들을 초청하셨다. 하나님의 나라는 우리의 간절한 열망이 성취되고, 그렇게 절실히 갈구했던 사랑, 용서, 의미, 도전을 발견할 수 있는 유쾌한 곳이다. 그곳은 예수 그리스도가 왕이시며, 우리 자신이 새롭게 되고, 고양되며, 기대감으로 떨리기까지 하는 곳이다.

교회는 교회에 오는 사람이라면 누구나 하나님의 나라를 경험하게 만들어야 한다. 어떻게 하면 교회가 그 존립 목적을 실현시킬 수 있을까? 예수님은 하나님 나라가 임박했다는 증거가 되기 위한 행동들을 하셨다. 하나님 나라를 맛보게 하기 위해 지역교회가 눈여겨보아야 할 특징들은 무엇인가?

예수님은 사람들의 삶에 변화를 일으키셨다. 그는 세상 사람들이 주변의 사람들과 전혀 새로운 방법으로 관계를 수립하도록 인도하셨다. 이 장에서 우리의 삶을 구성하는 다섯 가지 주요 관계들을 살펴볼 텐데, 그것들은 우리가 어떤 종류의 사람인지를 결정해 줄 것이다. 이러한 고찰을 통해 그 관계들이 하나님의 주권 안에서 어떻게 변화하며, 교회가 어떻게 그것을 하나님 나라의 특성으로 볼 수 있는지를 점검하게 될 것이다.

- 하나님과의 새로운 관계–경배
- 다른 사람들과의 새로운 관계–소속
- 피조물과의 새로운 관계–사랑
- 자아와의 새로운 관계–제자도
- 말과의 새로운 관계–전도

하나님과의 새로운 관계–경배

예수님은 사람들을 하나님 나라로 초대하셨다. 이는 사람들로 하여금 자신의 삶을 하나님의 주권 안에서 새롭게 정립하는 법을 배우는 것을 의미한다. 따라서 교회는 하나님과 새로운 관계를 수립함으로써 그 출발점이 되는 곳이 되어야 한다.

이것은 당연한 소리처럼 들릴지 모른다. 하지만 교회가 이 단순한 원리를 놓치기가 얼마나 쉬운지를 알면 놀랄 것이다. 교회는 경영 기법과 과학 기술을 활용하고, 예배 의식을 세세하게 수정하는 일에 정신이 빠져 하나님과의 친밀한 관계를 수립하고, 하나님을 경배하며 경외감을 기르는 일을 놓쳐버린다. 수년간 교회에 출석하면 신학과 교회 정책에 대해 상당한 지식을 얻을 수 있을런지도 모른다. 하지만 처음보다 예수 그리스도의 하나님께는 더 가까이 가지 못할 가능성도 있다.

서구의 문화는 세 번째 천년 역사의 출발점에서 서로 간의 친교에 대한 갈망을 표현했다. 이메일, 문자 메시지, 핸드폰, 혹은 채팅방 등 다양한 방법을 통해 끊임없이 커뮤니케이션을 해야 하는 우리의 문화는, 우리가 혼자 있을 능력이 부족하다는 것과 서로 접촉하며 비밀과 삶을 나누어야 하는 절실한 필요를 입증하고 있다. 섹스에 대한 매혹도 동일한 측면을 나타낸다. 더글라스 쿠퍼랜드(Douglas Coupland)의 말을 들어보자. "애정에 굶주리고,

버림당할 것이 두려워서, 섹스가 상대방의 눈을 좀더 깊이 들여다볼 수 있는 근거가 되지 않을까 생각한다."[1] 홀로 있음을 견디지 못하는 심히 안타까운 면도 있지만, 동시에 그것은 친밀한 관계를 필요로 하는 인간의 기본 욕구를 반영한다. 친밀함이 없다면 우리는 움츠러들고 감추게 될 것이다. 상호간의 친밀한 관계에 대한 열망은 은연중에 창조주 하나님과의 교제에 대한 우리의 욕구를 드러낸다.

> 하나님이여 주는 나의 하나님이시라 내가 간절히 주를 찾되 물이 없어 마르고 황폐한 땅에서 내 영혼이 주를 갈망하며 내 육체가 주를 앙모하나이다(시 63:1).

그리스도인들이 하나님에 대한 경외감과, 하나님과 더 가깝고, 더 원만하며 친밀한 관계를 심화시킬 수 있는 방법은 예배를 통해서이다. 매주 함께 모여 던지는, 교회가 무엇을 하는가에 대한 질문은 사람들을 하나님과의 새로운 관계로 들어가도록 인도하는 능력과 깊은 관련을 맺고 있다.

신약 성경의 예배는 다양한 형태를 띠는데, 그것이 어떠해야 하는가를 생각해 내기란 쉽지 않다. 가장 잘 묘사된 것 중 하나는 바울이 고린도 교회에 보낸 첫 번째 편지에서 찾을 수 있다.

> 그러므로 온 교회가 함께 모여 다 방언으로 말하면 알지 못하는 자들이나 믿지 아니하는 자들이 들어와서 너희를 미쳤다 하지 아니하겠느냐, 그러나 다 예언을 하면 믿지 아니하는 자들이나 알지 못하는 자들이 들어와서 모든 사람에게 책망을 들으며 모든 사람에게 판단을 받고, 그 마음의 숨은 일들이 드러나게 되므로 엎드리어 하나님께 경배하며 하나님이 참으로 너희 가운데 계신다 전파하리라, 그런즉 형제들아 어찌할까 너희가 모일 때에 각각 찬송시도 있으며 가르치는 말씀도 있으며 계시도 있으며 방언도 있으며 통역함도 있나니 모든 것을 덕을 세우기 위해 하라(고전 14:23~26).

이 말씀 중 두드러지게 눈에 띄는 특성은 그리스도인의 예배가 역동적이었다는 사실이다. 신약 성경의 교회들이 그들의 모임에 불신자 방문객들이 들리기를 기대하였다는 사실은 대단히 흥미롭다. 그리고 그들을 지배하였던 질문 중 하나는 모임에 참석한 사람들이 어떻게 반응 하는가 였다. 예배 시 방언의 문제를 둘러싸고 우리가 무슨 논쟁을 하든 간에, 초대 그리스도인들은 그런 행동을 통해 극적인 효과를 보았다는 것이다. 호기심 많은 평범한 고린도인 이교도가 그리스도인 모임에 초대를 받았다. 그 모임에서 그는 하나님이 정말로 살아계시며 가시적으로 임재하신다는 강한 느낌을 받았다. 그래서 "하나님이 진정으로 여러 분 가운데 계십니다!" 하고 소리쳤다. 바울은 그리스도인들이 함께 모일 때 하나님의 임재가, 심지어 전혀 그리스도 신앙이 없는 사람들에 의해서도 경험될 수 있기를 기대했다.

바울이 예언을, 오늘날 몇몇 교회에서 체험되는 '카리스마적인' 것으로, 혹은 설교–특정한 때에 어떤 필요한 것들을 말하여 핵심을 찌를 수 있는–에 있어서의 선지자적 특성으로 정의하든, 그 핵심은 '마음의 비밀을 드러내는 것' 이다. 대부분의 그리스도인들은 설교 중이나 찬송을 부를 때 한 단어, 혹은 지식의 말, 또는 예언의 말이 그들 존재의 가장 깊은 곳을 관통하던 경험을 했을 것이다. 이것은 예언에 대한 간단하지만 유용한 정의, '영감을 받은 커뮤니케이션' 이라고 불리어질 수 있다. 그러한 사건이 일어날 때, 그것은 마치 당신의 내면이 드러나고 이해되어, 당신의 마음속에 무엇이 있었는지를 전혀 알지 못하는 누군가로부터 나온 한 단어에 의하여 다른 아무도 알지 못하는 비밀이 다루어지고 해결된 것과 같은 것이다. 그것이 바로 바울이 마음속으로 생각했던 것이다. 지적, 이성적 차원을 넘어 영감을 지닌, 마음의 비밀을 다루어 해결해 주는 예배와 설교는 참되신 하나님의 임재를 깨닫게 할 것이다. 그러한 예배와 설교는 찬양 소리와 기도의 말들을 변화시켜 살아계신 하나님에 대한 진정한 경배의 행동을 낳게 할 것이다.

이러한 차원의 예배는 앞서 언급한 대로 변화의 역사가 일어나고 있는 교회에서는 중요한 것으로, 다소의 위험과 모험이 따른다. 바울은 예배가 사람들에게 흥미를 불러일으킬 수 있기를 기대한다. 누구도 고린도 교회의 예배가 지루하고 따분하다고 말할 수는 없을 것이다. 최근에 교회에 가는 것이 위험하다고 느껴지던 때—살아계신 하나님을 만나고, 그의 임재와 능력을 민감하게 깨닫게 된 때—는 언제였는가? 사람들이 이따금 떨고, 큰 소리로 웃고, 기뻐 날뛰며 찬양하고 춤을 출 때, 그것은 놀랄 일이 아니다. 마음의 비밀이 조용히 노출되고 해답을 얻게 될 때 사람들은 다양한 모양으로 하나님께 응답할 것이다. 하지만 교회가 이런 정도까지 되는 경우는 드물다. 서구의 많은 사람들이 영적 실재를 추구하고 있는 때에 교회에서 영적으로 창조와 구속의 하나님을 만날 수 있다고 기대하기 어렵다면 이는 굉장한 비극이다.

이러한 예배가 반드시 크게 소리치거나 극적인 것이 될 필요는 없다. 조용히 묵상에 잠긴 예배, 경건한 예식, 혹은 사려 깊고 통찰력이 있는 비형식적인 가르침도 모두 동일한 역사를 일으킬 수 있다. 중요한 것은 스타일이 아니라 하나님의 실재와 임재에 대한 기대감으로 가득 찬 영성이다. 이 기대감은 기도할 때 하나님이 자신을 나타내신다는 기대감, 그리고 하나님을 위한 행위가 아니라 하나님에 대한 응답으로서의 예배를 이해할 때 일어날 것이다.

이러한 역동적인 특성을 지닌 예배는, 하나님의 주권 안에서의 변화된 삶의 중요한 기초인 하나님의 실재와 거룩함에 대한 깊은 깨달음, 더 강한 친밀감, 경탄 및 경배를 불러일으킨다. 그렇게 될 때, 그리스도인들이 만난 하나님을 다른 사람들도 만날 수 있도록 초대하는 전도는 자연스럽게 드러나는 풍성한 영성을 키워나갈 수 있다.

다른 사람들과의 새로운 관계-소속감

예수님은 사람들을 인도하시어 다른 사람들과 새로운 관계를 수립하도록 하셨다. 예수님은 복음서를 통해 승천 후에도 계속해서 예수님 자신과 하나님 나라를 중심으로 구축될 제자들의 작은 공동체를 계획하셨음을 알 수 있다. 그 후 바울은 교회 안에서는 1세기 그리스-로마 사회의 전형적인 장벽(이방인과 유대인, 여자와 남자, 자유인과 노예 사이의)은 부적절하다는 것을 깨닫게 되었다. 하나님 나라를 모델로 하는 교회는 모든 사람의 가치를 존중하는 원리에 기초하여 사람들로 하여금 새로운 차원의 인간관계를 누리게 하였다.

인격적인 영적 성장은 고립 상태가 아니라 정상적인 관계 속에서 일어난다. 우리가 감탄하며 닮기 원하는 특성을 누군가에게서 발견할 때 우리는 변화될 가능성이 있다. 그 사람이 실제로 그런 행동을 하는 것을 보면 우리도 그렇게 행동하는 법을 배우게 된다. 구체화된 진리는 실체가 없는 개념보다 훨씬 더 효과적이다. 따라서 관계는 변화에 꼭 필요한 것이며, 변화를 일으키는 교회는 관계의 중요성을 높이 평가해야 한다.

고린도 교회의 예배는 역동성을 드러낼 뿐만 아니라 동시에 상호작용적인 것이었다. 모두가 함께 싸 가지고 와서 나누어 먹는 점심에서는 다른 사람들과 나누어 먹기 위해서 약간 다른 것을 가지고 와야 하는 것처럼, 각자가 그 모임에서 자신만의 특별한 기여를 해야 한다. 고린도 교회에서는 아무도 수동적이거나, 게으르거나, 방관자로 있지 않았다. 각 사람은 '찬송가나, 교훈의 말씀이거나, 계시 혹은 방언이나 그 해석' 이든 간에 주고받을 어떤 것을 가지고 왔다.

예배당에 앉아서 때때로 나는 만약 목사가 나타나지 않는다면 무슨 일이 일어날 것인가 생각해 본다. 목사가 깜빡 했거나 혹은 자명종 시계를 누르고 다시 잠들었다고 상상해 보라. 많은 교회들은 허둥지둥할 것이다. 목사가 없다면, 누가 인도할 것인가? 누가 설교하며, 성만찬을 주도하고, 광고를 하겠는가? 어떤 교회는 예배를 취소할 것이며, 또 다른 교회는 그럭저럭 해나갈 것이다. 대부분의 경우 교회는 '목사' 없이는 기능을 제대로 할 수 없다. 이는 안수 받은 목사들의 역할을 비판하려는 의도가 아니다.

그들은 교회 생활에서 담당해야 할 분명하고도 중요한 역할을 가지고 있다. 다만, 교회에서 흔히 볼 수 있는, 교회를 인도하는 사람들에 대한 지나친 의존도를 강조하려는 것이다. 결과적으로, 교회를 처음 방문하는 사람은 가만히 의자에 앉아서 설교나 성만찬을 수동적으로 받기만 하고, 앞에 있는 사람들이 모든 것을 다 해야 한다고 생각하더라도 무리는 아닐 것이다. 이는 비록 바울이 고린도 성도에게 가르친 것과는 거리가 먼 사실이지만 말이다.

교회의 수동적인 태도에 대한 한 예는 전통적인 설교이다. 초대 그리스도인들은 설교를 했을까? 바울은? 바울이 드로아를 방문했을 때 교회 모임에서 밤이 깊도록 긴 강론을 하던 중 유두고라는 청년이 꾸벅꾸벅 졸다가 3층에서 떨어지는 소동(행 20장)이 일어났다(바울은 크게 주목을 끄는 연사는 아니었으며, 이는 설교 가운데 조는 회중이 있는 교회 목사에게 많은 위로가 된다). 청년은 창밖으로 떨어져 분명히 죽었으나 바울이 기도하자 하나님이 살려 주셨다. 바울은 "…말을 밤중까지 계속하매"(행 20:7), 그리고 유기고 사건 이후 "…오랫동안 곧 날이 새기까지 이야기하고 떠나니라"(20:11).

이 말씀은 바울의 설교가 몇 시간 동안 계속되었다는 의미일까? 그렇기도 하고 아니기도 하다. 사도행전의 저자인 누가는 이야기를 써 내려가면서 바울의 설교에 대해 두 가지의 구체적인 단어들을 사용한다. 하나는 디아레고마이(dialegomai)인데, 그것은 더 정확히 '토의하다' 를 의미하며, 우리가 사용하는 '대화' (dialogue)라는 말이 거기에서 나왔다. 사실상 바울은 그들에게 일방적으로 말을 한 것이 아니고 그들과 함께 이야기하고, 토의하고, 질문에 답하고, 상호작용을 했다는 의미이다.

더 나아가서, 11절에 사용된 두 번째 단어는 '…와 함께 이야기하다' 라는 의미이다. 앞서 두 부분의 이야기에서 누가는 첫 번째 부활주일 후 엠마오로 가던 두 청년이 최근에 예루살렘에서 일어난 사건을 이야기할 때, 이들의 대화를 묘사하기 위해 동일한 단어를 사용한다(눅 24:14). 따라서 이 단어는 오히려 대화라고 이해하는 것이 더 정확하다. 여기에서 바울의 가르침은 상호작용적인 것이었다. 그는 마지막 찬송 전까지 설교하는 타입은 아니었다.

설교를 아예 폐지하라고 이런 말을 하는 것이 아니라 우리가 생각하는 것보다 설교가 문화적 구조와 더 깊은 관계가 있다는 사실을 지적하고자 하는 것이다. 그리스도인과 성경적 가르침은 건강한 교회에 필수적인 것이다. 하지만 우리가 보다시피, 초대 교회에서의 설교나 성경 가르침은 대부분의 우리 교회에서 하는 것보다 훨씬 더 대화하는 식이었다.[2] 주인의식, 참여 및 관계를 촉구하기 원할 때, 그리스도인 리더들과 설교가들이 실험해 보아야 할 한 가지 영역은 설교이다. 상호 대화하는 식의 설교는 혼자 하는 것보다 더 모험적이며 예측 불가능한 것이다. 그럼에도,

기술적으로 다루고 잘만 준비하면 그러한 설교는 더 나은 커뮤니케이션, 더 큰 흥미나 더 적절한 적용의 결과를 낳을 것이다. 그렇게 설교한다고 해서 성경의 권위가 떨어지는 것은 아니고 오히려 그리스도인 공동체가 성경 중심으로 모이게 하는 보다 큰 의미를 부여하게 된다. 올바른 상황에서 올바른 경우에 질문 시간, 토의와 피드백의 기회와 함께 하는 설교는 시도할 가치가 있는 것이다.

신약 성경 시대의 교인들은 수동적인 청중이 아니라 능동적인 참여자였다. 각 교인은 전체 교회의 행복을 위해 독특하고 가치 있는 은사를 하나님으로부터 부여받은 자로 간주되었다. 고린도 교회의 문제는 주로 자기들만 은사를 받았다거나, 혹은 자기들이 하는 말은 꼭 들어야 한다고 생각한 그룹의 사람들 때문에 일어난 것이었다.[3] 평신도는 강단에서 무엇이 전달되든 그저 수동적인 소비자에 불과하다는 사고방식을 가진 교회는 전도를 생활화하는 교회가 되기 어렵다. 그러나 교인들이 새로운 관계 속으로 들어가며 자신이 하나님으로부터 은사를 받은 것처럼 돌봄, 주의, 용서, 사랑을 주고받는 교회는 생기발랄하고 매력적인 공동체가 될 것이다. 그러한 교회는 공동체 의식이 거의 없고, 철저한 개인주의로 고립과 무관심이 팽배한 채 서로 공유하는 삶을 창출해낼 능력을 잃어버린 문화권 속에서 커다란 의문을 불러일으킬 것이다.

교회는 때때로 공동체로서의 진정한 정체감을 회복한다. 예컨대 '만인 제사장' 이란 종교개혁의 교리는 모든 것을 소유한 채 베풀어주는 자로서의 목사가 지배하는 교회에 대한 반동이었다. 종교개혁은 모든 교인이 다른 모든 사람에 대해 조언, 확신 및 지혜를 제공하는 그리스도의 자리에 설 책임을 가지고 있다는 통찰력에 대한 재확인이었다. 이 원리가 지역 교회에 제기하는 질문은 그들이 자신을 기관 또는 공동체, 프로그램 중심 혹은 사람 중심 중에서 어느 것으로 보는가이다. 다음 장에서 리더십의 패턴과 교회가 어떻게 이러한 소속감과 상호 돌봄의 정신을 창출하도록 구조를 만들어갈 것인가를 살펴볼 것이다. 요점은 하나님 나라의 삶을 반영하는 교회는, 현재 많은 교회에서 나타나는 강력한 계급주의식 상명하복 구조보다는 사람들이 서로를 돌보고 교훈을 주고받는 관계를 수립해야 하는 명확한 목적을 가지고 있다는 것이다. 전도를 효과적으로 하는 교회는 사람들이 새로운 관계를 발견하고, 다른 사람으로부터 돌봄을 받듯이, 주는 것에도 가치를 인정하는 곳이다.

피조물과의 새로운 관계-사랑

하나님의 나라는 개개인의 삶을 감동시킬 뿐만 아니라, 새로워진 피조물과 타락 시 파괴되었던 창조의 순서를 복원시키는 것에 대해 이야기하고 있다. 폭풍우—구약 성경에서의 혼란과 무질서의 상징—는 왕이신 예수님이 한 마디 명령하셨을 때 잠잠해졌다. 사람을 삼키려고 위협하는 물도 하나님의 아들이 배에서부터 걸어 나오자 후원적이고 협조적이 되었다. 음식은 배가되어 주린 자들을 먹이고도 열 두 광주리를 남겼다. 절름발이가 걷고, 평생의 고질병이 일시에 사라졌다. 예수님의 사역에 있어서 질병과 죽음은 단번에 그것들이 속해 있었던 지옥의 먼 구석으로 사라졌다.

예수님의 기적은 권력의 과시나 가르침의 실례가 아니었다. 그것은 하나님이 이제 왕으로 왕림하시며 그의 적들이 물러간다는 표시였다. 피조물이 나음을 얻고, 세상에 대한 최후의 재정리가 가시화 되었다. "예수께서 온 갈릴리에 두루 다니사 그들의 회당에서 가르치시며 천국 복음을 전파하시며 백성 중의 모든 병과 모든 약한 것을 고치시니"(마 4:23).

바울 또한 피조물의 고통을 목격하고 그 마지막 해결을 갈망하면서 이 사실을 깨닫게 되었다.

> 피조물이 고대하는 바는 하나님의 아들들이 나타나는 것이니 피조물이 허무한 데 굴복하는 것은 자기 뜻이 아니요 오직 굴복하게 하시는 이로 말미암음이라 그 바라는 것은 피조물도 썩어짐의 종 노릇한 데서 해방되어 하나님의 자녀들의 영광의 자유에 이르는 것이니라 피조물이 다 이제까지 함께 탄식하며 함께 고통을 겪고 있는 것을 우리가 아느니라(롬 8:19~22)

그러므로 예수님을 닮아가며 그의 나라를 증거하길 원하는 교회는 어떤 방법으로든 피조물의 복구에 참예할 것이다. 예수님이 하셨던 것처럼 교회는 어느 날 하나님이 이 파괴된 세상에 질서를 회복하실 것이며, 피조물을 속박하는 부패의 고리를 끊으실 것이라는 표지판을 건설할 것이다.

교회가 예수님은 주님이시며 하나님은 그의 세상을 다스리신다는 사실을 선포할 때, 인생의 가혹한 현실을 목도하는 자가 할 수 있는 응답은, 존 맥엔로(John McEnroe)의 말을 인용하자면, "농담이지요!"다. 세상은 선하시고 사랑이 많으신 하나님의 주권 아래에서 있는 것처럼 보이지 않는다. 다음의 어려운 질문은 사실은 아주 합리적인 질문이다. "만약 당신의 하나님이 정말로 이 세상을 다스리신다면, 그는 도대체 암, 집 없는 자들, 에이즈(후천성면역결핍증) 혹은 빈곤에 대해 무엇을 하고 계신가요?" 그것은 고통을 둘러싼 해묵은 질문이며, 그리스도인들은 조심스럽고 때론 사려 깊은, 지적인 답변을 갖춘 변증학으로 열렬히 하나님을 변호해 왔다. 이 중 어떤 것들은 상대방을 확신시켰고, 또 다른 것들은 그렇지 못했다. 그러한 변호들은 실제적인 고통의 상황에서는 상대방을 납득시키지 못한다. 우리는 포스트모던 문화나 고통의 경험에 있어서 아무런 효과가 없는 구체화되지 않은 진리의 문제로 돌아가게 된다.

교회가 이러한 문제에 대해 아무 것도 할 수 없다면, 고통의 문제에 대한 그 변증학적 대답이 아무리 설득력이 있고 훌륭한 것이라도 한낱 공허하며 다소 으스대는 것처럼 들릴 뿐이다. 그리스도인들이 원래 선하며, 철저하게 선하신 하나님의 주권 아래에서 있다고 주장하는 세상 속에서 고통의 실존에 관해 설명하는 일은 지극히 중요하다. 하지만 하나님이 인간의 고통에 대해 무엇을 하고 계시는가에 대한 가장 효과적인 대답은 빌립이 나다나엘에게 했던 그대로 "와 보라!"(요 1:46)이다.

하나님은 과연 이 세상에 만연한 고통에 대해 어떤 일을 하고 계실까? 하나님은 당신과 나 같은 사람들을 부르시고, 문제의 일부분이 아닌 해결사로 변화되기를 원하신다. 하나님은 사람들을 모으시고 공동체를 이룩하신다. 이 공동체는 피조물을 치유하는 데 참여하며, 자신의 인생에 은총을 베푸신 하나님의 선하심을 알고 가슴 벅차하며 다른 사람들의 삶에도 은혜를 끼치고 암 환자를 방문하며 에이즈로 신음하는 자들을 어루만지고, 병든 자가 낫기를 기도하며 야만행위로 파괴된 지역의 풍경을 미화하는 사람들의 공동체이다. 토르(Thor) 신이나 주피터 신과는 달리 성경의 하나님은 너무 많은 번개를 보내지 않으신다. 하나님은 만물을 통해, 특히 사람을 통해 그분의 일을 행하신다. 하나님은 예수님을 통해 세상의 구원을 이루셨고, 그분의 통치 하에 사는 사람들을 통해 고통이나 악과 싸움하신다.

그러나 이 답변은 그것이 사실이며, 사람들에게 그것이 실제로 일어나고 있는 지역 교회 공동체를 보여줄 때만 신뢰를 얻을 수 있을 것이다! 돌봄과 사랑에 대한 헌신은 전도하길 원하는 교회에 있어서는 선택적인 과외 활동이 아니라 필수 사항이다. 하나님의 나라를 반영하는 매력적인 교회는 그리스도의 주권이 행사될 때 어떤 역사가 일어날 것인지를 실증해야 한다. 하나님의 주권 안에서 병든 자는 고침을 받고, 고난 당하는 자는 위안을 찾고, 잃어버린 자는 환영을 누리게 될 것이다.

예수님의 사역이 피조물의 치유를 포함하는 것이라면, 그 사역과 보조를 맞추기 원하는 지역 교회는 피조물의 특정 부분을 자세히 관찰하며 "여기에 어떤 고침이 필요한가?"를 물어야 할 필요가 있다. 그것이 고독인지, 집 없는 가난인지, 지루함, 환경, 빈곤 혹은 무목적인지 물어야 한다. 교회가 주변에 있는 모든 사회 문제들을 다룰 수는 없더라도, 기도와 분별력, 연구와 에너지를 쏟아 붓는다면, 대부분의 교회들은 지역 사회에서 하나님이 자신의 피조물에 관심을 갖고 절대 포기하지 않으신다는 강력한 증거가 되는 어떤 사역을 시작할 수 있을 것이다.

도심의 한 교회가 어느 주말, 우중충하고 소변으로 찌들은 지하철을 밝게 칠할 페인트 통들을 갖다 두고 지역 주민들이 함께 와서 도색하도록 초청하였을 때, 큰 반응을 불러 일으켰다. 어느 부유한 지역에서는 또 다른 교회의 청소년 그룹이 음악회를 개최했는데, 자신이나 교회를 위해서가 아니라 나이지리아의 한 마을에 우물을 파기 위한 자금을 조달하기 위한 것이었다. 한 그룹의 그리스도인 학생들이 그들의 대학교 식당 홀을 빌리고, 음악을 들으며 즐길 친구들을 초대하여 이들에게 돈을 받아 수익금으로 남아프리카 흑인 청년들을 위한 교육관 재건에 쓴 일도 있었다.

이러한 일들은 효과를 노리거나 혹은 감명을 주기 위해서가 아니라 예수님이 하신 것과 같은 일이기 때문에 행해진 것이다. 그러한 삶의 모습은 하나님의 나라에서 일어나는 일들–피조물이 새롭게 되고, 목마른 자가 물을 찾고, 가난한 자가 희망을 얻는–이다. 이와 같은 행동은 하나님의 통치의 표시처럼 그 자체의 고결성을 갖는다. 전도적인 목적으로 행하지 않았다 하더라도 교회는 그러한 사역을 통해 더 나은 열매를 맺게 됨을 발견한다. 사람들은 그리스도인의 신앙이 실천되는 삶의 현장으로 초청받았다는 사실을 더 명확하게 깨닫게 되는 것이다.

자아와의 새로운 관계-제자도

사람들은 예수님을 만나면 결코 이전과 같은 사람으로 되돌아가지 않았다. 삭개오의 혁신적인 태도이든, 정신이 온전해져 제 자리로 돌아온 가다라 지방의 귀신 들린 자이든, 혹은 왕국의 중심부에서 교회 리더가 된 어부 베드로든 간에, 예수님은 그들을 변화시켰고, 그들 자신도 스스로를 전혀 다른 사람으로 이해하기 시작했다. 우리는 교회가 사람들을 그리스도의 형상으로 변화시킬 수 있는 공동체가 되어야 할 필요성에 대해 이야기해왔다. 하지만 이것은 거룩한 열망 이상의 것이 되어야 한다.

교회 생활에서 그리스도인들의 삶과 정신에 새로운 변화를 초래할 수 있는 중요한 방법은 규칙적인 설교와 말씀의 가르침을 통해서이다. 교회의 변화를 추구하는 가르침 사역은 사람들에게 두 가지의 것-하나님과 세상과 그들 자신에 대해 새로운 관점을 갖게 하는 신학적 틀과, 하나님의 주권 안에서 사는 사람의 질적 특성을 개발하는 실제적인 전략-을 부여하는 목적을 지니고 있다. 성경은 하나님의 주권 안에서 사는 삶이 어떠한지를 생생하게 설명하기 때문에 개인과 공동체의 변화를 위한 교회의 주 교재가 되어야 한다. 가르침의 사역은 성경을 주의 깊게 읽도록 권면하고, 성경 말씀이 주는 인생의 비전을 갖게 하며, 아울러 주변 문화에 대한 어떤 특정 지점에서 비전이 창출되도록 힘을 북돋워 주어야 한다.

현대의 사업 현장에서처럼 많은 교회들도 사명 진술서를 작성하지만, 그 진술이 너무 일반적이고 애매하여 별 의미가 없는 경우가 허다하다. 그러나 "사람들에게 하나님을 사랑하고 이웃을 사랑하는 방법을 가르치는 것"이란 사명 진술서를 가지고 있는 교회를 상상해 보라. 그것은 하나님의 주권 안에서의 인생에 대한 멋진 표현이며, 지역 교회를 위한 매우 실질적인 계획의 수립을 가능케 한다. 달라스 윌라드는 다음과 같이 피력한다.

> 당신에게 침을 뱉고 있는 사람을 어떻게 진심으로 축복할 수 있는가란 주제로 당신의 교회에서 여섯 주에 걸친 세미나를 한다는 광고가 실린 뉴스레터나 주보를 발견했다고 상상해 보라… 아니면, 정욕과 탐욕에 빠지지 않고 사는 방법에 대한 세미나 소식을 접했다고 가정해 보라. 혹은 당신 주위에 있는 사람들을 정죄하는 일을 그치는 방법, 분노와 그 합병증에서 자유로울 수 있는 길, 혹은 세미나 끝에 그 모든 공부와 연습 문제를 다 풀은 사람들은 실제로 자신에게 침 뱉는 자들을 용서할 수 있으며… 등등이 보장된다고 상상해보라. 당신이 어린이들이나 성인에게 자전거 타는 법이나 수영하는 법을 가르칠 때, 그들은 적절한 때에 자전거를 탈 수 있고 수영을 할 수 있을 것이다. 당신은 그들에게 반드시 자전거를 타야 한다거나 혹은 자전거를 타는 것이 좋다라든가 혹은 자전거를 타지 못

하면 부끄러워해야 한다고 가르치지 않는다.[3)]

그와 같은 프로그램은 실제로 효과를 발할 수 있으며, 그리고 그러한 상상의 산물인 프로그램은 하나님의 통치에 순종하는 삶의 양식의 발전을 위한 실질적인 도움의 필요성을 강조한다. 하나님 나라의 교회들은 출석 교인 수나 회심자의 숫자가 아닌, 교우들의 삶의 가시적인 변화 수준으로 성공의 척도를 삼는다. 제자들은 훈련을 필요로 한다. 처벌적이거나 교정적 훈련이기보다는 인격의 변화를 일으키게 될 기도, 묵상, 행동 및 신학에 대한 실제적인 전략들을 필요로 한다는 것이다.

말씀과의 새로운 관계-전도

마지막으로, 우리는 다시 전도라는 주제로 돌아왔다. 목적이 있기 때문이다. 예수님은 단순히 도래할 하나님 나라의 표적들을 행하시기만 한 것이 아니었다. 그분은 표적에 대해 설명을 하시고, 사람들이 하나님 나라에 들어오도록 초청하셨다. 지금까지 우리는 왜라는 질문을 유발시키는 성장하는 교회들에 대해 생각해 보았다. 동전의 다른 면은 그 질문들에 대한 답변을 할 수 있는 능력을 가지는 것이다. 오순절 교회는 사람들에게 "이것이 무슨 의미인가?"라는 질문을 야기시킬 만큼 매력적이었다. 교회는 베드로가 일어나서 설명할 수 있을 정도로 민활한 모습을 보였다. 사람들이 자신의 언어로 하나님의 초청을 듣게 되었을 때 바벨탑에서의 언어 혼란은 역전되었다. 베드로의 설교는 하나님으로부터 온 하나님 나라의 삶에 대한 초청의 말씀이었다.

기독교 신앙에 의문을 가진 사람들에게 해답을 제시할 수 있는 사역 그룹이 없는 교회는 오늘날엔 거의 성장을 하지 못하는 실정이다. 예외가 있겠지만, 대부분의 교회들은 기독교 신앙이 적절히 설명되고, 그것에 대한 질문을 할 수 있고, 그리고 그 질문에 대한 답변을 들을 수 있는 일종의 포럼을 필요로 하는 듯이 보인다. 알파코스는 이 중 가장 잘 알려진 것으로 다양한 배경과 국적을 지닌 사람들의 질문에 적절한 대답을 제시하는 탁월한 도구로 입증되었다. 많은 다른 코스들도 있지만, 그러한 코스가 실제로 경영된다는 사실이 당신이 어느 코스를 선택하는가보다 더 중요하다.

의문을 제기하는 사람들을 위한 그런 코스들은 교회가 질문에 대한 대답을 할 수 있고, 하나님 나라를 말로 표현할 수 있게 하는 이상적인 방법들이다. 하지만 그것은 교회 성장을 위해 그 자체에 대한 대답보다 오히려 교회와 하나님 나라의 보다 넓은 신학의 일부로서 이해되어야 할 필요가 있다. 많은 교회들이 알파코스가 효과를 발휘한다는 사실을 알게 되었다. 어떤 교회들은 그렇지 않다고 생각한다. 문제는 코스보다는 교회 쪽에 더 많을 수 있다. 위에서 언급한대로, 이미 하나님 나라의 특성을 상당히 잘 실증하는 교회들은 그리스도의 새로운 제자들을 자연스럽게 배출해 내는 복음 전도의 코스를 발견한다. 예배가 지루하여 끌리지 않고, 서로 돌본다는 의식이 전혀 없고, 지역에 대한 예민한 관심이 없으며, 삶의 변화를 경험하는 자들이 없는 교회는 당연히 그러한 코스들이 비효과적이라고 평할 것이다. 실재와 일치하는 말은 풍성한 열매를 맺을 것이며, 그렇지 않은 말은 공허할 뿐이다.

교회에서 전도를 하고, 하나님의 주권 하로 사람들을 초대하는 것은 마치 자동차의 가속페달에 발을 올려놓는 것과 같은 것이다. 사건은 일어나기 마련인데, 무엇이 발생하는가는 어느 기어를 거는가에 달려 있다. 예컨대, 교회가 네 번째 기어를 건다면, 그 교회는 상기한 특성을 지닌 채 훌륭하고 건강하며 적극성을 띤 곳이 되어 복음 전도적 사명이나 코스에 풍성한 열매가 맺힐 것이다. 만약 교회가 첫째나 둘째 기어를 건다면, 언급된 특성 중 일부만 나타낼 것이며, 성장 또한 미미할 것이다. 한편 도처에 의혹, 시기, 불화 및 교만을 드러내며 반대쪽 기어를 거는 교회는 전도를 하더라도 오히려 사태를 더 악화시키는 결과를 낳고 말 것이다. 나는 복음전도의 노력이 수년에 걸친 교우들의 누적된 긴장, 불신 및 좌절을 표면화하는데 그쳤던 몇 교회들의 선교 사역에 동참한 적이 있다. 아울러 복음전도를 통해 하나님의 역사를 자연스럽게 실증했던 여러 교회에도 다녔다. 거기에선 많은 사람들이 무엇인가 다르고, 어딘가 특별한 것을 가진 듯한 이 공동체에 이끌린 채 그리스도 안에서 새로운 신앙의 단계에 이르는 경험을 하게 되었다.

예수님은 사람들을 인도하시어 하나님, 다른 사람들, 피조물, 자기 자신 및 언어와의 새로운 관계를 수립하게 하셨다. 이 새로운 관계는 하나님의 다스림을 받고 사는 교회, 또한 질문을 불러일으키며 그 존재의 본질이 복음 전도적인 교회의 특성이다. 이 같은 의제는 교회의 프로그램과 우선순위를 근본적으로 재고할 것을 요청한다. 교회에서 무엇인가를 새롭게 시작하기보다 있던 것을 폐지하는 일이 오히려 더 어렵다는 사실은 이미 알려진 바이다.

어느 교회가 매년 회의를 열고 그것을 '이가봇 모임' 이라고 불렀다. 이가봇은 블레셋 사람이 언약궤를 빼앗았던 당시 초기 이스라엘의 제사장이었던 비느하스의 아들 이름이었다(삼상 4:21). 그의 모친이 그에게 "하나님의 영광이 떠났다"는 의미의 침울한 이름을 준 것이었다. 이 모임의 목적은 단도직입적으로 "우리 교회의 활동 중 어느 것에서부터 하나님의 영광이 떠났는가?" 라는 질문을 던지는 것이다. 다시 말하면, 교회가 향해서 나아가는 비전에 더 이상 기여하지 않는 그룹, 사역 활동, 모임, 위원회가 있는가이다. 그런 것이 있다면 어려운 결정이 내려지고 자원이 재조정될 필요가 있었다.

너무나 많은 사역을 하느라 굉장히 바쁜 교회도 결과적으로는 열매를 맺지 못할 수도 있다. 이 장을 마무리하면서 교회가 하나님 나라와의 관계를 시험해 보는 데에 필요한 주요 질문들을 제시하고자 한다.

- 경배: 교우들은 주일 예배를 통해 영적 성숙을 경험함으로 하나님께로 가까이 가며, 친밀감과 경외감을 맛 볼 수 있는가?
- 소속감: 모든 교우들이 돌봄을 주고 받을 조직 구조가 존재하는가? 대부분의 사람들에겐 기여할 바가 있는가 혹은 그들은 수동적인 수령자로 느끼는가?
- 사랑: 교회는 그 지역 사회를 위해 실제적이며 효과적인 관심을 표명할 일을 하고 있는가? 그것은 그 지역 사회의 필요와 교회의 자원에 적절한 것인가?
- 제자훈련: 그리스도인들이 신앙 성장을 위해 서로에게 책임을 질 수 있게 하는 조직 구조가 있는가? 가르침의 사역이 하나님의 통치 하의 생활을 발전시키는 실제적인 전략을 제공하는가?
- 전도: 교회는, 알파코스든 혹은 그와 유사한 것이든, 구도자들이 탐구하고 질문할 장소를 마련하고 있는가?

참조

1. Douglas Coupland 〈하나님을 추구하는 삶〉London: Simon & Schuster, 1994, 125.
2. 초대 교회 모임들이 어떠하였는가에 대한 흥미로운 이야기는, Robert Banks 〈1세기의 교회에 가다: 목격자 이야기〉(Going to Church in the First Church: An Eyewitness Account). Beaumont: Christian, 1990. 에서 읽을 수 있다.
3. 이에 대한 관련 서적들로는 Gerd Theissen 〈The Social Setting of Pauline Christianity, Studies of the New Testament and its World〉, ed. John Riches, Edinburgh: T. & T. Clark, 1982, chs. 2, 3 and 4; also Graham Tomlin, 〈The Power of the Cross: Theology and the Death of Christ in Paul, Luther and Pascal, Paternoster Biblical and Theological Monographs〉, Carlisle: Paternoster, 1999, part I
4. Dallas Willard 〈하나님의 모략〉(The Divine Conspiracy), London: Fount, 1998, 344.

매력적인 교회 The Provocative Church

복음 전도적인 교회로 인도하기

9장
복음 전도적인 교회로 인도하기

초대 손님을 위한 복음 전도 대회 예배는 실망스러웠다. 간절히 호소를 해도 이럴 때 앞에 나와서 새롭게 헌신을 약속하는 사람은 늘 두세 명에 지나지 않을 뿐이었다. 초빙 강사는 불신자들이 오지 않은 것에 몹시 당황하였음에도 불구하고 내색을 하지 않을 만큼 정중했다. 목사는 중얼대듯 사과의 말씀을 드리고, 강사를 기차에 태운 후 차를 몰아 돌아오는 길에 화가 치밀어 올랐다. 강사를 기차까지 배웅한 것으로 그의 임무는 끝났다. 하지만 왜 교인들은 친구나 이웃 사람을 데리고 오는 임무를 다하지 않는단 말인가? 왜 그들은 그렇게도 활기 없고 무관심한 것일까?

어떻게 해야 그들에게 전도를 위한 동기를 부여할 수 있을까? 어떻게 해야 교회가 성장할 수 있을까? 왜 그러한 노력들이 먹혀 들어가지 않는가? 교인들이 문제인가 아니면 그가 문제인가? 그가 무엇을 잘못했단 말인가?

교회를 인도하여 역량을 키우는 일은 힘든 싸움이다. 나는 전도와 관련해 교회의 진정한 문제는 동기유발이 되지 않아서라기보다는 리더십의 문제라는 것을 확신하게 되었다. 전도를 주제로 설교하기 위해 여러 교회를 방문할 때마다 나는 이런 질문을 던져본다. "당신의 불신 친구나 가족이 그리스도인이 되기를 원하십니까?" 그러면 대답은 늘 진심어린 "네" 이다. 대부분의 그리스도인은 자신의 믿음이 적극적이고 가치있는 것이라고 생각하며, 다른 사람들에게도 그 믿음을 나눠주기를 원하고, 때로는 정말로 간절히 바란다. 그러나 문제는 어떻게 할지를 모른다는 것이다. 그들에게 전도하고 싶은 동기가 없는 것이 아니라, 다만 전도가 너무 어렵고 복잡한 것처럼 생각되어 어디에서부터 시작할지를 모른다는 것이다. 바로 이 지점이 리더십이 개입해야 하는 지점이다.

어떤 교회든 리더십의 질과 스타일은 교회 성장에는 말할 것도 없고, 교회 생존에 있어서 중요한 측면이다. 어떤 통계에 의하면, 남미와 서구에서는 매주 5만 3천명이라는 엄청난 숫자가 교회를 빠져나가서 다시는 돌아오지 않는다고 한다. 그리고 이러한 사람들 가운데 많은 수가 그 원인을 리더십의 형태 때문이라고 토로한다. 사람들이 직면하고 있는 문제를 제대로 파악하지 못하는 목회 리더십, 즉 지나치게 독선적이거나, 목적이 분명치 않거나, 혹은 평신도의 창의력과 재능을 키워주지 않는 리더십은 서서히 일부 교인들을 소외시키고 결국에는 교회에 오고 싶지 않게 만드는 상황까지 이르게 한다. 비즈니스계에서는 "사람들은 직장을 떠나는 것이 아니라 경영자를 떠난다"라는 말을 하곤 한다. 교회에서도 마찬가지이다.[1]

문제는 리더십이다. 리더십이나 전도, 교회 성장이라는 실제적인 측면을 이야기하면 사람들은 두 가지 이유로 긴장한다. 사업 기술이나 경영 이론에 따라 '확실한 교회 성장을 위한 10단계 계획' 이나, 확실하고 효과가 빠른 해결책을 제시하는 것은 어렵지 않다. 가령 이러한 방법, 전도 프로그램, 복음 개요를 시도해보라는 것이다. 그러면 당신의 교회는 분명히 성장할 것이다! 기업체의 경영 이론이 교회와 무관한 것은 아니며, 또는 지혜가 결여된 것도 아니다. 교회는 다소 고지식한 면을 나타낼 수 있다. 그래서 조직체의 역동성에 대한 전문가의 실제적인 조언은 골치 아픈 문제들을 해결하는 데 도움이 된다. 물론 그들의 조언이 교회 사역에 결정적인 것이 될 수는 없다. 하나님의 통치는 인간 세계와는 다른 방법으로 역사하기 때문에 세속적인 기술을 도입할 때 유의해야 할 점이 있기 마련이다.

또 다른 이유는 리더십이 우리 시대에서는 쉽지 않기 때문이다. 포스트모던 문화는 자연과 사회 및 기관 내의 권력에 대해 의심한다. 의사, 교사, 대학교수, 정치가, 목사와 같은 권위적인 인물은 이제 더 이상 큰 관심을 끄는 사람들이 아니다. 진리와 권력에 대한 포스트모던적 불신을 통한 교육은 권력을 행사하는 사람들을 의심과 의혹의 눈초리로 보라고 부단히 가르친다.[2] 이 중 어떤 것은 유익할 수도 있다. 자신에게 부여된 신뢰를 남용하는 사람들이 존재하기 때문에 어느 사회든지 그러한 사람들은 주의 깊게 감시해야 한다. 하지만 의사, 목사, 교사, 정치가 중에서는 저하된 사기와 환멸에 대한 이야기가 반복하여 들린다. 재정적 보상을 거절 당하고, 일을 잘 할 때에도 감사하단 말도 듣지 못한 채 끊임없는 의심의 대상으로, 게다가 실수할 땐 마치 머리 위에 1톤의 벽돌이 짓누르는 중압감을 느낀다고 한다. 의혹과 불신의 바탕 위에 사회를 건설할 수는 없을 것이다.

우리는 권위에 대한 의심과 신뢰의 필요 사이에서 갈등하는 문화 속에 살고 있다. 이러한 상황에서 그리스도인의 리더십이 기계적인 조종이나 권력의 의혹을 느끼게 하는 상황은 만들지 않아야 한다. 수세기 동안 목사와 그리스도인 리더들은 만인이 존경하고 경청하는 교회와 성경의 대변자로서 대우를 받았고, 또한 스스로도 그렇게 여겨왔다. 그러나 이러한 관점은 결코 성경적인 관점이 아니며, 신학적, 문화적 이유로도 더 이상 그러한 관점을 유지할 수 없다. 오늘날 그리스도인의 리더십은 두목이나 대통령, 혹은 평등주의의 도시 사회에 어울리지 않는 종이나 목자가 아닌 오히려 정원사의 이미지이다.

하나님 나라에서의 성장

하나님 나라에서의 성장은 우리에게 달린 것이 아니라 하나님께 속한 문제이다. 어떤 사람도, 어떤 방법도, 교회의 성장을 보장할 수 없다. 때때로, 온갖 올바른 수단을 동원해도 여전히 성장이 일어나지 않을 수도 있다. 하나님 나라에 대한 예수님의 비유 가운데 많은 부분은 농사에 관한 것이다. 마태복음 13장은 하나님 나라의 의미를 이해하는 데 도움이 되는 예수님의 비유들을 제시한다. 그 각각은 성장에 관한 것이다. 씨 뿌리는 자의 비유, 옥토에 심겨진 씨와 겨자씨는 모두가 농부의 세계와 인내와 신뢰를 이야기한다. 밀가루 속의 누룩의 비유까지도 성장과 양육에 대한 것이다.

요점은, 하나님 나라의 삶은 그 자체로 역동성을 지닌다는 것이다. 새싹은 인간의 힘에 의해서가 아니라 저절로 돋아나온다. 하나님 나라는 개인의 삶, 지역 사회 및 교회에 뿌리를 내리고 자라나 꽃을 피운다. 하지만 동시에 각 이야기에는 인간적 요소가

들어 있다. 농부는 멀리까지 씨를 뿌린다. 비록 원수가 그 가운데에 잡초를 심을지라도 농부는 여전히 좋은 씨를 심는다. 또 다른 농부는 겨자씨를 가져다가 땅의 견고한 부분에 심는다. 한 여인은 밀가루 속에 누룩을 넣고 전체에 고루 퍼질 때까지 정성스레 반죽을 한다.

하나님은 만물을 자라게 하신다. 하나님은 사람들 속에 생물학적, 영적 생명을 공급하신다. 그리고 그것은 하나님과 협력하고자 하는 사람들의 과제, 즉 자라게 하는 것보다는 성장을 방해하지 않으려고 애쓰는 것이다. 어떤 의미에서, 리더십의 숙제는 한쪽으로 물러나서 하나님의 역사를 망치는 짓을 멈추는 것이다! 하나님 나라의 리더십은 성장을 위한 올바른 환경을 조성하는 것으로, 특별한 기술로 하나님 나라를 성장시킨다는 것과는 전혀 다른 사고방식을 요구한다.

신약 성경의 고린도 교회는 기술적인 면에 상당히 집착했던 모습을 보인다. 교회 내의 중요한 그룹은 교회의 운명을 그리스-로마식 수사학(고린도전서 1장 17절과 2장 1절의 '인간 지혜의 말' 혹은 언변), 감명을 주는 리더(1장 11절, 12절), 훌륭한 사회적 신분에 달려 있는 것으로 느끼는 것처럼 보인다. 바울이 고린도 교인에게 자신은 믿음의 씨앗을 심었고, 아볼로가 물을 주었지만, 아무도 자라게 하는 책임은 지지 않는다-이것은 순수하게 하나님의 책임(3:5~9)-라는 편지를 썼을 때, 그는 하나님 나라에 대한 예수님의 비유를 생각하고 있었을 것이다. 바울은 그리스도인 공동체를 유기체적 관점에서 보았다. 교회는 동력을 생산하기 위해 조종하거나 인위적으로 조작하는 기계가 아니다. 교회는 '하나님의 밭'(3:9)으로 그 안에선 모든 것이 스스로 자라난다. 바울과 아볼로의 역할(경쟁적이 아닌 보완적)은 심고, 물을 주고, 보살피며, 기다림으로써 성장이 일어날 환경을 공급하는 것이었다.

어떻게 하면 매력적이고, 하나님 나라에 초점이 맞추어진 복음 전도적인 교회로 성장케 하는 데 이러한 원리를 적용할 수 있을까? 봄이 되면 우리 집 앞에는 아름다운 자주색 클레마티스 꽃이 만발한다. 초기에 클레마티스를 심고 가꾸던 시절을 기억한다. 나는 위대한 정원사는 아니었지만, 이 식물을 잘 자라게 하기 위해서는 두 가지 일을 해야 한다고 생각했다. 첫째, 꽃을 피우는 데 도움이 될 받침대를 세워야 한다. 지탱해 주는 받침대가 없다면 클레마티스는 마구 헝클어지고 제멋대로 자랄 것이다. 나는 여러 시간 공을 들여서 주변에 이미 뿌리박고 제멋대로 자라난 잡초를 뽑은 후 조심스레 고른 받침대를 대고, 적합한 자리에 몇 개의 막대기를 꽂아두었다. 두 번째 단계는 그 식물이 무성하게 자랄 기회를 주는 것이었다. 몇 포기의 클레마티스를 심고 규칙적으로 물을 주고 잡초와 해충의 피해를 입지 않게 지키며 기다렸다. 성장은 느리고 천천히 이루어졌다. 해마다 가지를 쳐 주어야 하고(세심하게 돌봐주지 못할 때에도 그 식물은 계속해서 자란다), 꽃들이 피지 않는 날도 많았다. 하지만 꽃이 필 때의 그 아름다움은 이루 말할 수가 없을 정도이다.

교회는 식물처럼 성장할 수 있는 구조와 환경을 필요로 한다. 이 장에서는 하나님 나라가 자라나는 교회의 구조와 상황을 살펴볼 터인데, 그러한 교회는 결국 하나님의 역사에 개인과 지역사회를 동참케 만들 것이다.

구조

과거에 교회가 계급주의적 권력의 마지막 보루인 것처럼 보였던 때도 있었다. 모든 것이 목사나 유력한 평신도 그룹의 손 안에 집중되어 있었다. 앞서 살펴본 대로, 평신도는 다른 이들이 '교회를 경영할' 동안 묵묵히 순종하는 태도로 교회에 정착했다. 리더는 자신이 선호하는 추종자를 얻으려는 경향이 있다. 목사가 평신도에게 수동적인 자세로 있기를 바라면 그들은 어김없이 그렇게 한다. 존 드레인(John Drane)은 다음과 같이 논평한다.

> 리더가 모든 것을 결정한 다음 스스로 시행을 하는 폐쇄적인 교회 구조는 인적 자원의 효과적인 활용을 방해할 뿐이다. 급변하는 문화의 흐름 속에서 이러한 조직 구조는 점점 더 무능

해질 것이며, 무엇인가를 시도할지라도 사역이 아닌 현상유지밖에 못할 것이다. 이러한 조직 구조의 교회는 복음 증거의 사명을 수행하는 교회가 되기는 사실상 불가능하다.[3)]

완고한 계급주의는 성장을 질식시키고 교인을 수동적인 소비자로 만든다. 교회가 적극적인 교인들과 변화하는 문화를 다 포용해야 할 필요성을 인정할 때, 교회는 권력의 분산을 꾀하며 이를 가능하게 할 수 있는 관계적인 구조를 만들게 된다.

셀 모임

지난 수 십 년에 걸쳐 많은 교회들이 다양한 유형의 소그룹 활동을 시도했다. 교회는 1960년대부터 1980년대까지 한 주에 하루 더 교인들이 교회 활동에 참여할 수 있도록 교제권 혹은 가정그룹을 발전시켰다. 일반적으로 주일 예배 출석자의 30퍼센트 이상이 그러한 그룹 활동에 참여하는 교회를 발견하기란 흔치 않은 일이다. 최근 소그룹에 대한 혁신적인 방법이 확산되고 있다. 그 한 가지 방안–셀 교회 모델–은 교회 생활은 주일에 모이는 회중으로가 아니라 소그룹 단위로 이해되어야 한다는 것이다. 가정에서 모이는 소그룹은 작은 교회 단위로서 효과적인 사역을 하며, 예배를 위한 친밀한 상황, 일상 생활의 문제에 대한 기독교적 가르침의 적용, 상호간의 돌봄과 격려, 제자로서의 성장, 영적 은사의 실행, 책임감과 전도를 가능케 한다. 이 그룹들은 중요 가르침과 전 회중의 교회 성찬식 참여를 위해 주일에 함께 모임을 가진다.[4]

또 하나의 다른 방안은 소위 가정 교회로, 다세대를 위한 비형식적, 자아 규제적, 자발적 교회 생활의 작은 단위이다. 셀 교회와 달리 가정 교회는 더 큰 교회의 일부분으로 보지 않는다. 비록 일정한 지역에 소재한 몇 개의 가정 교회들이 이따금 함께 모이긴 하지만, 가정 교회는 서로 독립적인 경향이 있다.[5]

교회 생활에 대한 이러한 접근 방법은 제자 훈련과 전도에 매우 효과적인 것으로 입증되었으며, 또한 이 책에서 탐구해 온 몇몇 원리에 대한 예들이기도 하다. 첫째, 이 방법은 수많은 전통적인 교회들보다 훨씬 더 권위와 권한의 분산이라는 원리를 실행한다는 것이다. 각 소그룹은 그 지역에서 교회로서의 위엄과 책임을 부여받아 교우들이 서로 섬기며, 전도에 참여하고, 하나님께 예배를 드린다. 셀은 더 광범위한 그리스도의 몸의 구조 내에서 후원을 받는 소그룹이기에 교회는 셀 리더들이 책임지고 셀 전체를 인도할 수 있도록 힘을 북돋워 주어야 한다.

둘째, 셀은 개인적, 영적 성장이 일어나도록 사람들을 친밀한 관계로 인도한다. 소그룹을 강조하는 것은 회중 전체의 모임보다 훨씬 더 효과적으로 교우 상호간의 관계를 수립할 수 있기 때문이다. 어떤 교회에서는 수년간 주일 예배에 참석하고 난 후에야 비로소 당신이 진정으로 기도하며 살아가는지, 당신의 신앙이 어떤 과정을 밟고 있는지, 당신의 생활에서 말하고 싶은 것이나 기도 제목이 있는지 질문을 받게 되는 경우가 허다하다. 대규모의 회중 집회는 가르침과 축하를 위해서는 좋은 무대가 될 수 있으나, 책임과 친밀감의 차원에선 적절하지 않다. 8명에서 16명 가량의 소그룹은 제자 훈련과 전도를 가능케 하는 신뢰와 집중적인 사역 환경을 제공한다.

앞에서 교회가 강력한 참여 문화를 만들어내야 할 필요성을 제기했다. 셀의 일원은 적극적인 동참자가 되어야 한다. 전체 회중의 모임에선 성경 봉독, 헌금, 혹은 성찬식 때의 떡과 포도주를 분배하는 정도 밖에 하지 못하지만, 규모가 작은 셀 모임에선 다른 그룹원을 위해 기도하고, 다른 사람들을 위해 영을 분별하는 은사 혹은 지식의 은사를 발휘하며, 은혜 받은 간증을 하고, 도움을 필요로 하는 그룹의 다른 이들을 위한 조언의 말씀을 나눌 기회가 늘 있기 마련이다. 이런 상황에서는 서로가 상대방을 돕기 위해 무엇인가를 가지고 오는, 즉 고린도 교회에서 바울이 그렸던 '가지고 와서 함께 나누는 예배'가 가능해진다.

셋째, 셀 교회에서 채택하는 전도에 대한 특별한 접근 방법이다. 셀 모임이 과거의 친교 그룹과 크게 다른 점은 친교 그룹이 주로 성경 공부와 목회적 돌봄을 위한 것이었다면, 셀은 복음 전도를 목적으로 한다는 것이다. 함께 삶을 나누고, 상호간에 책임을 지며, 함께 배운다는 강한 의식을 기본으로 하여 셀은 불신자가 소그룹에서 그리스도의 생명을 경험하도록 초대한다. 불신자들이 오면 그룹은 일상과 다른 어떤 특별한 행사를 하지 않는다(대부분의 셀 교회에는 복음 전도적 셀 모임과 같은 것이 전혀 없다). 왜냐하면, 앞에서 살펴보았던 고린도 교회의 예배에서처럼 예배의 경험, 서로간의 돌봄과 실제적인 배움은 그 자체로 활력과 매력을 지니기 때문이다. 윌리엄 벡햄(William Beckham)이 말한 것처럼, 불신자 손님이 나타나면,

> …모임 형태는 그들을 회심시키거나 혹은 그들에게 초점을 두기 위해 변경되어서는 안 된다. 그들은 가만히 앉아서 하나님이 그의 백성 가운데서 역사하시는 것을 목격하면 되는 것이다… 신약 성경의 교회는 가장 강력한 전도는 그리스도의 임재, 능력, 목적 안에서 살아가는 믿는 자들의 공동체란 사실을 깨달았다… 그리스도인들의 불완전함을 통해 하나님은 목도하는 자들에게 그의 능력을 계시하신다.[6]

벡햄은 이러한 사실을 망각한 어느 셀 모임에 대해 이야기 한다. 셀 회원의 불교도 친구가 그 그룹에 초대를 받았다. 모임이 시작된 후 그리스도인들은 일제히 그 연약한 불교도에게 복음전

도의 총을 들이대었고, 급기야 그 모임은 종교에 대한 험담을 늘어놓는 게임으로 전락하고 말았다. 그 사람은 상처를 입고 떠났고 다시는 오지 않았다. 누가 그를 나무라겠는가? 벡햄의 논평은 적절하다. 그 그룹이 저지른 실수는 그리스도가 아니라 이 한 사람의 회심이 그 모임의 초점이 되었다는 것이다.[7] 모임이 제대로 운영되려면, 셀 모임 자체가 질문을 불러일으키며, 열망을 자아내고, 복음전도가 일어나는 상황을 제공해야 한다. 이럴 때 그 초점이 복음 전도가 아니라 그리스도와 그의 나라에 맞추어지는 교회 생활의 모델이 존재하게 된다. 그 모델이 적당한 곳과 질서 속에 있을 때 전도는 그곳으로부터 자연스럽게 흘러나온다.

환경

교회도 식물처럼 성장을 하기 위해서는 훌륭한 구조 외에도 적절한 환경을 필요로 한다. 많은 교회 리더들은 교인들에게 어떻게 전도 훈련을 시킬 것인가에 대해 오랫동안 고민해왔고, 이제는 손에 잡을만한 자료가 부족하지 않은 상태이다. 훈련 패키지는 한 방향 혹은 다른 방향으로 치우칠 수 있다. 한 유형은 변증학-토론에서 자주 거론되는 주제를 다루며, 고난의 문제나 다른 종교도 하나님께로 인도하는가 혹은 그렇지 않은가, 또는 하나님의 존재에 대한 입증과 같은 질문에 대해 그리스도인들을 준비시키는–에 초점을 둔다. 다른 유형은 몇 단계에 걸쳐서 그리스도인의 신앙의 본질을 요약한 복음의 개요를 가르친다. 이것은 식사 때 사용하는 냅킨 뒷면에 성경 구절을 덧붙인 채 대충 그린 기억하기 쉬운 도표로 되어 있다.

그러한 것을 보고 비웃을 수도 있겠지만 이런 것들은 그 나름대로 효력을 발생한다. 변증학적 문제들은 실제적이며 그리스도인에게도 영향을 미친다. 다른 사람에게 답을 설명하기 전에 자신의 목마름을 채우기 위해서도 그런 어려운 문제들과 씨름하며 해답을 얻는 과정은 성숙해 가는 신앙생활의 일면이기도하다. 복음의 개요가 그다지 마음에 드는 것은 아니지만, 어린(때론 더 연세가 많으신) 그리스도인들이 신앙의 기초를 파악하는 수단으로서는 대단히 유용할 수 있다.

모든 그리스도인이 복잡한 아이디어들을 명쾌하고 설득력 있게 이해하고 설명할 만큼 유창하고 지적이어야 한다고 생각하는 것은 옳지 않다. 복음 전도적 은사를 가진 사람들에게는 복음의 개요가 그리스도인의 신앙을 설명하는 자연스럽고도 접근하기 쉬운 방법이 될 수 있다. 이러한 은사가 없는 그리스도인의 입에서 나오는 복음의 개요는 마치 경험이 부족한 중고 자동차 외판원의 재잘거림처럼 들릴 것이다. 환대, 경청, 실제적인 돌봄 혹은 행정 영역에서 눈부실 정도로 은사를 발휘하는 탁월한 그리스도인이 많은가 하면, 자신의 신앙을 설명하라고 하면 말문이 막히고 긴장하는 사람들 또한 허다하다. 이들은 무능한 그리스도인도 유능한 변증학자나 전도자가 될 수 있을 것이라는 기대 심리 때문에 오히려 실망을 하게 될 수도 있다.

그렇다면 이제 어떻게 할 것인가? 어떻게 하면 우리는 인위적인 기법의 위험에 빠지지 않고 성장의 환경을 조성할 수 있을까? 지금까지 연구한 복음 전도의 방법과 병행해 리더들은 자신의 교회에서 그리스도인들의 세 가지 주요 특징을 발전시키는데 주력할 필요가 있다.

- 그리스도인으로서의 구별된 삶 살기
- 개인의 간증 나누기
- 초청장 발행하기

실제로 일어났던 사례를 들으면 이것의 효과를 이해하는 데 도움이 될 것이다.

비교적 풍족한 지역에 사는 사람(그를 시몬이라고 부르자)이 한번은 그의 이웃이 풀이 죽어 있는 모습을 보았다. 그는 멈추어 서서 이유를 물었고, 곧 딱한 이야기를 듣게 되었다. 이웃 사람은 그 다음 주에 휴가를 떠나기로 계획을 했었는데, 그의 딸이 가족용 차로 충돌 사고를 내는 바람에 갈 수가 없게 되었다는 것이었다.

시몬은 자기 가족이 타는 볼보 차를 사용하라고 말했다. 그 이웃은 도저히 믿어지지 않아서 거절했으나 강한 호의에 점차 진심임을 깨달았다. 몹시 놀랐지만 제안을 받아들여 그 다음 날, 시몬과 그의 가족에게 작별 인사를 한 후 연안 방면으로 볼보 차를 몰고 갔다.

휴가 내내 그는 시몬의 관대함에 감탄하느라 어찌할 바를 몰랐다. 대부분의 사람들에게 자동차는 단단히 지키고 잘 보존해야 하는 것이지만, 시몬에게는 자동차가 쉽게 빌려줄 수 있는 것으로 보였다. 휴가에서 돌아온 그는 시몬에게 왜 그런 선행을 했는지 물어보았다. 대답은 그가 그리스도인이었다는 것과, 그의 모든 소유는 그들 가족의 것이 아니라 하나님의 것이기 때문에 그들뿐 아니라 다른 사람들도 사용할 수 있다는 원리를 배웠다는 것이었다. 그의 이웃은 호기심이 발동하여 왜 그가 그리스도인이 되었는가를 묻기 시작했다. 시몬은 자신의 신앙 여정을 간증해 주었다. 그 다음 몇 주 동안 더 많은 토론과 질문이 오고 갔다. 시몬은 자신이 모든 질문에 대해 다 적절한 대답을 제공할 수는 없지만, 교회에서는 사람들에게 어떤 질문이든 할 수 있는 기회를 제공하고, 스스로 그리스도인의 신앙을 탐구할 수 있는 방법을 제공한다는 다소 놀라운 길을 제시하였다. 짧게 말하면 이렇게 생명과 소유를 함께 나누는 생활 방식에 흥미를 느낀 그 이웃도 마침내 그리스도인이 되었다.

이것은 간단한 예지만, 중요한 원리를 말해 주고 있다. 위에서 언급한 세 가지 요소들이 전부 실행된 것이다. 시몬은 하나님의 통치가 주일 아침뿐 아니라 그의 소유물을 사용하는 데까지 미치게 되는 실제적인 방법을 찾아서 구별된 그리스도인의 삶을 살 수 있기를 원했던 것이다. 또한 부르심에 응답하여 자신의 신앙 여정에 대한 간증도 했다. 게다가, 행복하게도, 그는 흥미진진하게 진리를 추구하는 자들을 위해 학습 코스를 제공하는 교회의 일원이었다.

만약 시몬이 그의 이웃과 종교적인 대화만 하려고 했다면 이웃은 그렇게 흥미를 느끼지 않았을지 모른다. 그리스도인의 생활이 교회 출석에만 그치지 않고 삶 전체를 하나님의 주권 아래에서 둘 때, 그러한 삶은 질문을 불러일으키기 시작하며, 아울러 전도를 위한 훨씬 나은 상황을 만들어낼 것이다. 반면, 시몬이 자동차를 빌려주고 그러한 친절에 대한 이유를 물었을 때 침묵하였더라면, 그의 이웃은 다만 그가 특별히 좋은 사람이라고만 생각하는 데 그쳤을 것이다. 그가 신앙에 바탕을 둔 자신의 행동의 동기를 이야기한 것은 일종의 모험이었다. 그의 이웃이 어떻게 반응할 지를 그로서는 알 수 없었다. 하지만 그런 노력이 없었다면 전도는 결코 일어나지 않았을 것이고, 그의 이웃은 그렇게 무모할 정도의 친절한 행위와 그러한 행동을 하도록 감동을 준 신앙에 대해 더 이상 묻지도 않았을 것이다. 시몬이 이러한 친절을 베풀었지만 그의 친구를 인도할 장소, 즉 그리스도인의 신앙에 관해 질문하고 적절한 설명을 들을 수 있는 교회가 없었다면, 역시 질문에 대답을 못한 채 더 이상 진전을 보지 못하였을 것이다.

하나님 나라의 삶을 위한 환경은 어떤 측면에서는 아주 단순하다. 다시 말하면, 열심히 추구하고 주의 깊게 연구하는 것이 필요하다. 다음의 세 가지 영역은 더 많은 탐구를 필요로 한다.

1. 그리스도인으로서의 구별된 삶 살기

그리스도인으로서 구별된 삶을 사는 데는 그리스도인의 정체성에 대한 강한 의식이 필요하다. 그럴 때, 그리스도인이 된 것 때문에 사과할 필요가 없다는 것을 느끼게 될 것이다. 그리스도인으로서 나의 주된 정체성은 직업이나 가족 배경, 사회적 계급 혹은 민족의 뿌리에 있지 않다. 그 모든 것을 능가하는 나의 인생의 한 부분, 즉 그리스도 안에서의 삶에 있다.

정체성에 대한 강한 의식을 가지고 그리스도인들은 자신의 이웃과 직장 동료 앞에서 그리스도인답게 살아가야 한다. 같은 그리스도인들과 함께 하나님의 주권 안에서 산다는 것이 어떤 의미인가를 행동으로 드러낼 때, 그리스도인으로서의 구별된 삶을 살 수 있기 때문에, 자신이 그리스도인이라는 사실을 숨기지 않고 무슨 일이 일어나는지를 기대하게 될 것이다. 불신자 친구들의 불신앙에 대해 압박을 가하거나 조롱할 이유가 없다. 복음 전도적 물음 이전에 "나는 교회에 갔어요"와 함께 "당신은 주말에 무엇을 하셨나요?"라는 질문이 필요치 않다. 친구들은 교회에 다니는 일과, 함께 있는 이 그리스도인이 행동으로 나타내는 가치들 사이에 연결점(한 가지라도 있다면)을 생각해 낼 수 있을 것이다. 그것이 바로 그리스도인의 삶을 공개적으로 멋지게 사는 일이다. 이 경우 무슨 일이 일어나는가는 환경에 따라 달라질 것이다. 어떤 곳에선 핍박이 일어날 수도 있고, 다른 장소에선 복음 전도의 결과를 낳게 되기도 할 것이다.

지역 교회 리더십의 주요 과제 중 하나는 교인들과 함께 하나님의 주권 안에서의 삶이 그들 자신의 특정한 사회적, 지리적 상황에서 무엇을 의미하는 가를 연구하는 것이다. 부유한 교외 지역에 사는 경우, 볼보 차를 기꺼이 빌려주고 차에 손상을 입혀서 돌려 줄 때에도 걱정하거나 불평을 하지 않는 것이 좋은 예가 될 수 있다. 다른 환경에서는 사정이 달라질 것이다. 따라서 상황에 맞는 삶의 양식을 신중을 기하며 소개하는 것은 중요하다. 이 작업에는 반드시 실제적이고 모험적인 요소가 당연히 포함된다.

그 다음 단계는 이러한 생활 양식을 공개하도록 용기를 북돋워주는 일인데, 이는 한 개인의 습관 뿐만 아니라 대중 앞에서의 행동도 바르게 한다는 의미에서, 또한 그리스도인이 된 것을 공개적으로 알린다는 의미에서이다. 여기에는 몇 가지 변화된 습관이 포함된다. 회심 후 대부분의 그리스도인들은 우정을 잃게 된다는 연구 결과가 나왔다. 열정적인 교인은 전도위원에 선임되고, 청소년 클럽의 운영을 돕고, 가정 그룹에 나가고, 주일에(물론 주간에 연습한 후) 드럼을 치고, 청소 당번에 자원하는 등 사용 가능한 모든 시간을 교회에서 소비한다. 그 결과 폭넓은 우정을 쌓는 일은 급속히 축소되고 그리스도인으로서의 이러한 공적 영역을 상실하고 만다. 그러한 삶은 다른 동료 그리스도인들 앞에서 생활하는 것으로 끝난다. 이것은 예수님의 등불(light)과 말(bushel)에 대한 말씀을 상기시켜준다. 목사는 이 점에 있어서 어느 누구보다도 최악의 상태에 놓여 있게 된다. 직무(그리고 당연히 다른 방향에서의 압박을 저항하기 힘들다)를 변명삼아 교회 밖 사람들과 의미있는 우정을 두터이 하는 전임 사역자는 찾아보기가 극히 드물다. 불신자들과의 우정을 쌓지 못하는 사람들은 그리스도인 친구들과만 교제하며 살아가는 것을 자랑하는 교회의 다른 모든 교우들을 자기도 모르게 모델로 삼고 있는 것이다.

2. 개인의 간증 나누기

미리 계획된 복음의 개요가 어딘지 부자연스럽고 가장된 것처럼 보일 수 있지만 개인적인 간증은 정직성과 개성을 지니며 강하게 역사할 수 있다. 그리스도인들이 전도에 참여하도록 할 때 그들 자신이 그리스도인이 된 것의 의미를 명확히 말로 표현할 수 있도록 돕는다면 효과적이다. 사람들은 전도 받을 때 "처음에 어떻게 그리스도인이 되었습니까?"와 "그리스도인이 되면 가장 좋은 점은 무엇인지요?"라는 두 가지 질문을 던진다. 그 대답은 각양각색이지만, 신앙에 대해 질문하는 사람에게는 멋진 핵심적 단서가 된다.

어떤 이들은 오랜 기간 동안 그리스도인으로 살아왔다. 혹자는 극적이고 갑작스런 회심의 간증을 가지고 있다. 또 어떤 이에겐 최고의 일이 완전한 죄사함을 받았다는 진리를 아는 일이고, 다른 이들에겐 그들을 받아주고 사랑하는 한 그룹에 속해 있다는 즐거운 기분, 또는 죽음이란 두려워할 것이 아니라는 사실이었다고 말한다. 정직하기만 하다면, 그리고 때에 맞게 제대로 설명하기만 한다면, 이 질문들에 대한 대답은 어떻든 큰 문제가 되지 않는다. 복잡한 아이디어들을 설명하느라 고심하는 사람들도 있겠지만, 여하튼 그리스도와 그의 통치 하에서의 삶의 경험을 이야기하면 충분하다.

3. 전도를 위한 무대 마련하기

그리스도인으로서의 구별된 삶을 통해 복음을 증거하고 질문을 받게 되는 이들이 있는가 하면, 복음에 대한 설명을 잘 하고, 설득시키고, 어려운 질문에 대답할 수 있는 은사를 가진 자들도 있다. 복음 전도적인 교회 리더십의 중요한 역할은 그러한 사람들을 발굴하고, 구도자 코스나 다른 유형의 그룹에서 자신의 은

사를 활용하도록 돕는 일이다. 지금까지 살펴본 대로, 그러한 교인 없이 성장할 수 있는 교회는 거의 없다. 여기에서 말하는 전도의 중요한 부분은 사람들이 와서 질문하고 답하고, 또한 그리스도인 신앙의 핵심이 무엇인가를 설명할 장소의 제공이다. 시몬은 그의 이웃이 질문을 던졌을 때 그를 인도할 어떤 처소를 필요로 했다. 이러한 상황에 대비하여 시몬에게 교회가 존재한다는 것과 교회 존립의 이유를 분명히 알게 하는 일은 교회 리더들의 책임이다.

교회의 모든 사역이 다 복음 전도적인 목적을 갖고 있는 것은 아니다. 고독한 노인을 위한 점심 도시락 센터의 운영, 지역의 장애우를 위한 방문 프로그램, 실의에 빠진 이웃에게 볼보 차를 빌려주는 일-전도적 목적으로만 행하는 것이 아니다. 하나님께서 그들의 삶을 다스리신다는 사실을 표현하기 위해 그러한 선행을 하는 것이다-등은 하나님이 주관하실 때 일어나는 사건이다. 하지만 그러한 행동은 '왜?' 라는 질문을 야기시킬 가능성을 지니기 때문에 그 전부는 복음 전도와 관련이 있다. 그러한 일들이 그리스도인의 사랑과 돌봄으로 행해진다면 당연히 그렇게 된다. 이러한 의미에서 교회가 하는 모든 사역은 복음 전도적 차원에서 이루어지는 것이다.

주일 아침 일찍하는 강대상 꽃꽂이는 일상적이며 비 영적인 활동처럼 보일지 모르지만, 강단을 매력적이며 아름답게 만드는 사역으로, 그날 아침 우연히 교회에 들른 사람에게 생명력과 활기 넘치는 메시지를 전달하게 된다. 교회의 잔디와 정원을 돌보는 일도 그 자체가 전도는 아니지만, 역시 복음 전도적인 차원의 일로 볼 수 있다. 왜냐하면 교회가 주변 지역 사회를 위해 피조물의 작은 부분까지도 세심하게 돌본다는 것을 말해주기 때문이다. 이처럼 간단한 것을 지적할 때, 말로 하는 전도에 은사가 없는 사람들에게도 자신의 사역이 지역 사회에서 중요한 전도 과정의 일부분임을 깨닫고 힘을 얻을 수 있다. 꽃꽂이 담당자나 정원사들이 하나님 나라에서 자신의 위치와 가치를 깨닫기 시작할 때, 봉사 방법에 있어 혁신을 기할 수 있다. 일상적인 일을 하나님의 통치라는 더 큰 관점에서 볼 때, 그 일은 엄청난 위엄과 의미를 드러내게 될 것이다. 교우 각자의 사역이 전도와 관계된다는 사실을 깨닫고, 하나님이 주관하는 삶에 매력을 느끼는 사람들에게 교량 역할을 하는 것임을 깨닫게 된다면, 자신의 은사나 사역이 어떤 것이든 그들은 교회의 성장을 경험하게 될 것이다.

참조

1. Peter Brierley를 보라. 〈때가 다 되었다〉(The Tide is Running Out), London: Christian Research, 2000. 영국의 교회 몰락에 대한 통계를 위해 p. 34와 이런 현상에 대한 이유에 대한 분석을 위해선 p. 84를 보라. 여기에서는 어러한 현상에 대한 주요 원인으로 리더십을 지적한다.
2. 진리와 능력에 대한 가장 통찰력 있고 크게 영향을 미치는 현대적 분석은 Michael Foucault의 것이다. 예컨대, Colin Gordon의 〈Michael Foucault: 능력/지식〉 New York, NY: Harvester/Wheatsheaf, 1980을 보라.
3. John Drane 〈변화하는 문화 속에서의 믿음〉(Faith in a Changing Culture), London: Marshall Pickering, 1997, 163.
4. 이 주제에 관한 더 많은 자료 확보를 위해, Ralph W. Neighbour 〈우리는 여기에서부터 어디로 갈 것인가: 셀 그룹 교회를 위한 안내서〉(Where Do We Go From Here: A Guidebook for the Cell Group Church), Houston, TX: Touch Publications, 1990; William a. Beckjam 〈두 번째 개혁: 20세기의 교회 형태 바꾸기〉(The Second Reformation: Reshaping the Church of the Twentieth Century), Houston, TX: Touch, 1995; Phil Potter 〈셀 교회의 도전: 셀 교회 가치와 씨름하기〉(The Challenge of Cell Church: Getting to Grips with Cell Church Values), Oxford: Bible Reading Fellowship, 2001; Michael Green (ed.), 〈담이 없는 교회〉(Church Without Walls), Carlisle: Paternoster, 2002.
5. Robert and Julia Banks 〈교회가 가정에 오다〉(The Church Comes Homes), Peabody, MA: Hendrickson, 1998.
6. Beckham 〈두 번째 개혁〉(Second Reformation), 170.
7. Beckham 〈두 번째 개혁〉(Second Reformation), 171.

신학적 후기 – 신약 성경은 왜 전도에 관해 자주 언급하지 않는가?

10장
신학적 후기 – 신약 성경은 왜 전도에 관해 자주 언급하지 않는가?

신약 성경은 왜 전도에 관해 자주 언급하지 않는가? 열린 마음으로 성경을 읽어가는 헌신된 전도자도 성경의 기자들이 '가서 친구들에게 예수님에 관해 이야기하도록' 재촉하지 않는다는 사실을 인정한다. 바울이나 베드로, 요한같은 제자들도 가는 곳마다 설교를 하고, 교회를 설립하고, 미친 듯이 전도를 했음에도 불구하고 보통의 그리스도인들에게 편지를 쓸 때는 우리가 기대한 만큼 적극적으로 전도자가 되라고 강요하지 않는다. 기독교 교리, 그리스도의 인격과 사역, 십자가와 부활에 관한 내용은 많이 있다. 또한 교회의 연합, 개인 및 교회의 처신, 가족 관계, 가정,

시민 사회 등에 관한 말씀도 상당히 많지만 실망스럽게도 전도에 관한 내용은 거의 발견되지 않는다.

전도에 대한 신약 성경의 침묵은 오늘날의 전도자와 교회에서의 전도적 열정을 간절히 보고 싶어하는 우리를 당황시킨다. 그래서 우리는 조용히 전도를 무시하거나 혹은 왜곡된 방법으로 전도에 관해 이야기 하려고 한다. 학창 시절, 어느 그리스도인 모임에서 설교자가 바로 이 질문에 대해 대답 하려고 애썼던 것을 기억한다. 왜 신약 성경은 전도에 관해 많이 이야기하지 않는가? "왜냐하면 모든 사람이 항상 전도를 잘 하고 있으므로 굳이 언급할 필요가 없다고 여겼기 때문이다!"가 그의 답변이었다. 나는 당시 그의 대답에 수긍이 가지 않았고, 지금도 여전히 그러하다. 침묵을 깨뜨리고 논쟁을 시작하는 것은 늘 위험한 것인데, 어쨌든 당시의 그리스도인은 정말로 오늘날의 그리스도인보다 훨씬 더 나았을까? 그들은 신앙에 관해 이야기할 때, 오늘날의 우리와 같이 수줍음, 두려움, 불안을 느끼지 않았을까? 초대 그리스도인들이 항상 믿음과 충성의 훌륭한 본보기—바울이 갈라디아 교회와 고린도 교회가 우리처럼 불완전했다는 사실을 상기시키기 위해 그들에 관해 말할 수밖에 없었던 것을 읽어보라!—는 아니다.

에베소 교회의 관점

에베소 교회에 보낸 서신이 그 적절한 보기로, 하나님의 창조 계획의 중심에 그리스도를 위치시키면서 태초부터 종말까지의 그림을 그리고 있다. 하지만 '전도하다'의 헬라어 동사인 '에벤겔리조마이'(evangelizomai)가 전혀 언급되지 않고 있다. 에베소서가 교회와 인간과 하나님의 역사에 있어서 교회의 중추적 역할에 관해 많이 언급하고 있기 때문에 전도에 관해서도 상당한 내용을 기대할지 모른다. 하지만 그렇지 않다. 가장 근접한 말씀인 에베소서 6장 19절과 20절에서 바울(논쟁이 다소 있긴 하지만, 그가 저자라고 믿는다)은 다음과 같이 기도하라고 부탁한다. "또 나를 위해 구할 것은 내게 말씀을 주사 나로 입을 열어 복음의 비밀을 담대히 알리게 하옵소서 할 것이니 이 일을 위해 내가 쇠사슬에 매인 사신이 된 것은 나로 이 일에 당연히 할 말을 담대히 하게 하려 하심이라." 따라서 이 구절을 출발점으로 전도 사역에 대해 무엇이라고 말씀하는가 주의 깊게 귀 기울여보기로 한다.

복음의 신비

바울은 '복음의 신비'라는 말을 굉장히 좋아한다. 그는 편지에서 그 말을 여러 번 사용하는 데, 아주 중요한 것을 표현하려는 듯이 보인다. 3장에서 그는 자신이 '그리스도의 비밀을 깨달은'

사실을 상기시킨다. "그것을 읽으면 내가 그리스도의 비밀을 깨달은 것을 너희가 알 수 있으리라 이제 그의 거룩한 사도들과 선지자들에게 성령으로 나타내신 것 같이 다른 세대에서는 사람의 아들들에게 알리지 아니하셨으니 이는 이방인들이 복음으로 말미암아 그리스도 예수 안에서 함께 상속자가 되고 함께 지체가 되고 함께 약속에 참여하는 자가 됨이라"(엡 3:4~6).

이 말씀은 다소 놀랄 만한 것으로 들릴텐데, 대부분의 현대 전도자들은 이를 복음의 신비라고 묘사하지 않을 것이다. 하지만 바울에게는 유대인과 이방인이 한 몸으로 모여 예수 그리스도 안에서 함께 삶을 나눈다는 주제가 부차적인 문제가 아닌 복음의 본질적인 부분이었다. 사실상 바울은 인생의 한 시점에서 교회를 분열시켰고, 이 문제를 둘러싸고 자신의 경력을 거의 망가뜨리기까지 하였다. 안디옥 교회를 방문했을 때(갈 2:11) 그는 베드로가 이방인들과 함께 먹는 것을 거절한 채 유대인 그리스도인들과만 식사하는 장면을 목격하고 충격을 받았다. 바울은 베드로의 행동이 단순한 실수가 아니며, 개인적 판단의 문제는 더욱 더 아니고, 복음의 신비를 공격한 것이라고 생각했다. 그렇다면 이것이 그에게는 왜 그렇게도 큰 문제가 되었을까?

전시

서신의 첫 머리에서 바울은 하나님이 우주에 대해 어떤 생각을 하시는지 설명한다. 하나님의 은밀한 계획은 "하늘에 있는 것이나 땅에 있는 것이 다 그리스도 안에서 통일되게 하려 하심이라"(엡 1:10)이다. 모든 피조물은 함께 어우러져 창조의 조화를 이룬다. 파괴적인 모든 것과 악은 영원히 추방될 것이다. 분리된 인간은 재 연합하며, 손상된 피조물은 머리이신 그리스도의 통치하에서 치유를 받고 다시 질서정연해질 것이다. 바울은 이러한 비전으로 인해 비난을 받을 수 없다! 에베소서의 관점은 광범위하게 영원토록 영향을 미친다. 물론 이것은 현실화될 필요가 있다. 이 비전에 대한 증거는 어디에 있는가? 어떻게 그것이 허황된 꿈, 크고 감동적이지만 궁극적으론 공허한 비전이 아니라는 것을 알 수 있을까?

에베소서 3장은 그 해답을 제시한다. "하늘에 있는 것이나 땅에 있는 것이 다 그리스도 안에서 통일되게 하려 하심이라 모든 일을 그의 뜻의 결정대로 일하시는 이의 계획을 따라 우리가 예정을 입어 그 안에서 기업이 되었으니"(3:10~11).

하나님은 온 세상에 그의 지혜와 솜씨를 드러내길 원하신다. 거룩하신 예술가인 하나님은 누구든지 바라볼 수 있는 아름다움과 능력과 지혜를 나타내시어 바라보는 자라면 누구든지, 땅에서 오든 하늘에서 오든, 경이감과 감탄으로 압도당할 것이다. 그것은 하나님의 '가지각색의 지혜'(이 단어는 '다양한' 혹은 '다채로운'으로 번역될 수 있음)가 전시된 것이다.

종말을 미리 맛봄

이것은 유대인-이방인 문제가 대두되는 현장이다. 바울은 어느 날 하나님이 만물을 그리스도의 발아래 모으신다는 분명한 증거를 로마 제국 안에 흩어져 있던 작은 그리스도인 공동체에서 발견했다고 보았다. 그들은 이방인과 유대인, 자유인과 노예, 여자와 남자의 연합이다. 이것은 장차 올 메인 프로의 예고편을 몰래 미리 보는 것과 같은 것이다.

예수 그리스도가 오신 이후 세상은 다른 곳이 되었다. 그리스도의 죽음을 통해 인간에게 풍성한 선물이 내려졌다. 그 선물은 그리스도의 죽음을 통한 생명, 구속, 죄의 용서와 하나님과의 화해이다. 하나님의 백성이었던 유대인과는 거리가 멀었던 낯선 이방인이 이제 가까워진 것이다(엡 2:13).

이전에 하나님의 백성인 이스라엘과 나머지 백성을 구별했던 법은 더 이상 유효하지 않으며 폐지되었다(엡 2:15). 이제는 더 이상 할례나 음식법, 의식적 순결을 지키는 것으로 하나님의 백성을 분간하는 것이 아니다. 대신, 하나님의 백성은 그 안에 하나님의 나라가 도래한, 메시아 예수님을 믿는 자들이다.[1)]

유대인과 이방인의 연합은 종말이 왔으며 마침내 하나님이 왕이 되셨다는 구약의 징조 중 하나였다.[2] 따라서 예수님은 하나님의 나라가 자신의 죽음과 부활을 통해 오는 것이라고 생각하셨고, 바울 역시 예수님을 믿게 됨에 따라 필연적인 결론을 내린 것은 전혀 의외의 일이 아니다. 하나님의 나라가 도래하였고, 약속된 새로운 세대가 인간의 역사 가운데 시작되었다면, 구약 성경이 언젠가는 일어날 것이라고 예언한 것처럼 지금이 유대인과 이방인이 그리스도의 주권 아래로 모여들 때인 것이다.

그러므로 바울에게 있어서 예수 그리스도의 교회는 약속된 화해가 일어나는 장소였다. 교회는 존재하는 것은 무엇이든 그리스도의 통치 하에 함께 모이게 하는 곳이다. 깨어지고 분열된 피조물이 그리스도의 몸 안에서 그 자체로, 그리고 하나님과의 화목을 이루었다. 이 모든 것에 비추어 볼 때 바울이 왜 이방인이 교회에 와서 유대인 옆에 앉아 있고, 유대인이 그들에게 성만찬의 잔을 건네주는 생각에 대해 그렇게도 감격하는가를 깨닫게 된다. 이것이 바로 바울의 위대하며 가슴 벅찬 비전에 대한 '견실한 증거' 인 것이다.

하나님이 거하시는 장소

이것 이상으로 바울에게 교회는 하나님이 이 땅에 거하시는 장소가 된다(엡 2:22). 유대인은 하나님이 예루살렘 성전에 거하신다는 관념에 익숙했다. 이교도 이방인은 그들이 신봉하는 종교의 사원에 신들이 거한다는 것을 믿었다. 하지만 바울은 이들과는 다르게 하나님이 예수 그리스도의 교회 안에 주거를 정하셨다고 생각했다. 에베소에서 하나님을 만나고 싶다면, 예수 그리스도께 예배드리는 작지만 사회적으로 다양한 배경을 가진 한 그룹의 사람들을 만나면 된다고 말하면, 이것은 터무니없는 주장이다. 교회는 높은 곳에 위치한 대성당과 사제들 및 친구들로 이루어진 거대한 기관에 다름 아니다. 에베소, 고린도 혹은 빌립보에서 한 주를 꼬박 보내면서도 교회를 찾지 못할 수도 있다. 그럼에도 불구하고, 그리스도인들의 이 작은 모임이 바울에게는 '하나님이 그의 영으로 거하시는 처소' 였다. 하나님은 가장이고, 온갖 종류의 사람들–유대인 노예, 이방인 장인(匠人), 여자, 상인, 떠드는 어린이들–이 그의 집에서 살고 있다. 하나님은 그 집의 소유주로서 함께 나누며 그곳에 거하신다.

그러므로 교회는 장차 도래할 하나님과 화해를 이룬 세상을 미리 맛보는 곳이자 동시에 이 땅에 하나님이 거하시는 처소이기도 하다. 이방인을 하나님의 백성으로 부르심은 바울 사역의 중심 부분이다. 왜냐하면 이방인이 유대인과 나란히 있다는 것은 하나님의 다양하고 무한한 지혜를 표현하기 때문이다. 교회라는 공동체를 통해 세상의 종말에 그리스도 안에서 만물이 화목하는 것을 예견할 수 있으므로 이 공동체가 모든 민족에게 개방되어야 하는 것은 중요하다. 바울은 이 공동체는 단색이 아닌

다채로운 색깔을 띤다고 믿었다. 그 공동체는 부유한 자와 사회적으로 훌륭한 사람들뿐 아니라 이방인, 노예, 여자, 젊은이와 노년층 모두를 환영해야만 한다. 그렇게 할 때만 분열된 하나님의 피조물을 연합시키며, 하나님의 '다채로운 지혜'를 전시하려는 하나님의 의도를 반영시킬 수 있기 때문이다. 교회는 장차 올 하나님 나라가 맛보아지고 경험될 수 있는 장소이다. 그 결과는 완전히 새로운 차원의 인간이 창조되는 것이다. 인류를 유대인과 이방인으로 나누는 고대의 분류법에서 벗어나 하나님은 이제 민족이나 사회적 신분에 의해서가 아니라 그리스도를 믿는 믿음과 새롭게 변화된 행동에 의해 특징지어지는 새로운 유의 사람, 즉 "새 사람"(엡 2장 15절을 보라)을 창조하고 계신다.

바탕을 준비하기

이러한 새 사람이 어떤 모습인가를 묘사하기에 앞서 바울은 이 화해의 공동체가 생존하고 번성하는데 필요한 요소들을 제시하며 기반을 닦는다. 바울이 에베소서 3장 14절에서 21절까지에서 그리스도인들을 위해 기도할 때 그는 전도보다는 그들의 영적 성장을 위해 기도한다. 즉 그리스도가 그들의 마음에 거하시며, 그리스도의 무한한 사랑을 받아들일 수 있는 역량을 갖추게 하시고, 그리고 가장 강력하게 '하나님의 모든 충만하신 것으로 충만하게 하시기를' 기도했다.

그 다음에 바울은 이렇게 하나님과 화목을 이룬 공동체의 비전이 실현되기 위해서는 그에 걸맞는 성품이 길러져야 한다고 지적한다. 그 성품(겸손, 오래 참음, 사랑 가운데서 서로 용납하는 것)은 그렇게 야단스러운 것이 아니라 싸움을 걸어오는 매우 까다로운 사람들과 함께 사이좋게 지낼 때 필요한 인격적 특성일 뿐이다.

이 비전의 실현을 위해 하나님께서 주신 은사들이 있다(엡 4:7~16). 사도는 교회를 개척하고, 선지자는 그 교회에게 하나님의 말씀을 선포하고, 복음 전도자는 새로운 사람들을 더 많이 인도하고, 목사는 하나님의 백성을 잘 돌보고, 교사는 그들에게 예수님과 하나님의 계획의 큰 비전을 일깨워주고, 그리고 이러한 것들을 하나님의 도구로 사용하셔서 하나님의 영이 그리스도인들을 섬기기를 원하며, 믿음을 분별하고, 진리와 사랑으로 말하며, 머리이며 왕이신 그리스도 아래서 그의 통치를 받도록 변화시키는 것이다.

새 사람의 표시

이렇게 변화된 그리스도인들이 사역을 시작할 때 새롭게 변화된 사람이 출생하게 된다. 그는 "그들의 총명이 어두워지고… 하나님의 생명에서 떠나 있었던"(엡 4:18) 옛 유형과는 다른 차원의 사람으로 태어난다. 이것은 나머지 인간 사회와는 다른 규칙, 다른 가정과 규범에 따라 사는 공동체이다. 바울은 이 구별된 특성의 보기로 다음의 네 가지 특징을 제시한다.

첫째, 새로운 공동체가 존재한다. 여기에서 핵심은 진실성, 투명성, 정직성(엡 4:25)이다. 때때로 진실하게 사는 데는 고통이 수반된다. 하지만 이 새 공동체의 일원은 서로에게 정직하고 솔직하기로 약속한다. 이곳에서 분노는 신속히 처리되어 악화되거나 쓴 뿌리로 굳어지는 것을 허락치 않는다(4:26~27). 도둑질하는 자는 그 행위를 멈추고 오히려 베풀기 시작한다. 사람들은 자신이 세상의 문제꺼리이기보다는 해결의 일부분으로 변화되어감을 발견한다. 곤궁에 처한 자들에게 관대히 베푸는 법을 배워가며 사회의 기생충에서 사회 향상의 기여자로 변화되어간다(4:28). 다른 사람들의 명예를 손상하거나 그들을 무시하지 않으려는 결단이 일어나며, 긍정적이고 사람들을 격려하며 인정하고 축복하는 말을 사용한다(4:29). 사람들은 하나님으로부터 얼마나 큰 용서를 받았는지를, 그리고 그 용서가 얼마나 값비싼 것인지를 깨달음으로써 용서의 기술을 터득하기에 이른다(4:32).

그 다음으로 변화되어야 할 영역은 욕망, 즉 1세기의 섹스와 마약 및 로큰롤이다. 이렇게 새 사람이 되면 사람들은 처음부터 자기만족의 삶을 포기한다(엡 4:17~19). 바깥세상에서는 그것이 핵심일지도 모르지만, 새 사람을 입은 자들은 그것의 파괴적인 결과를 알기에 아예 멀리해 버린다. 성적 이기심과 착취는 생각할 가치도, 심지어는 언급할 가치도 없는 것이다. 성이란 감사히 받는 자들에겐 선하며 즐거움을 누리게 하는 선물이다. 하지만 관계를 지배하거나 파괴해서는 안 된다(5:3~4). 하나님은 황홀감이 주는 전율과 고조된 의식의 흥분을 경험하도록 창조하셨다. 하지만 이러한 것들은 절제 없이 악용하거나 혹은 마약이 유인하는 광란의 중독 상태가 아니라 멋지고 선하신 하나님에 대한 진심어린 경탄과 찬양 속에서 영혼이 하나 되는 모습으로 나타나야 한다(5:18~20).

그 다음의 영역은 가족 관계이다. 여기에서의 핵심은 경쟁이 아닌 상호간의 복종이다. 기존에 가족이 갈등과 고통의 원인이었다면, 이 공동체에서는 서로간의 복종을 통한 조화를 경험하게 될 것이다. 남녀 간의 차이는 인정되지만 계급주의적 지배는 부적절하다. 남편과 아내는 서로 당연시되는 존재이기보다 서로를 존중하며 도움을 주고받는다. 그리스도께서 교회에 나타내신 사랑(성적 욕망이나 권위주의적 권력이 아니라)은 사람들의 결혼을 한데 묶는 결속의 힘이다(엡 5:21~33). 어린이는 순종의 지혜를 배우고 부모들은 그들의 자녀와 함께 인내와 자제를 체득한다.

끝으로, 일의 영역이 있다. 종(혹은 우리의 용어로 고용인)은 스스로 예수 그리스도 밑에서 일한다고 생각하며 주님께 하듯 상관이나 지배인을 존중과 신뢰로 대하도록 가르침을 받는다(엡 6:5~8). 시계를 쳐다보거나 상관이 볼 때만 열심히 일하고, 그가 방을 나가면 게으름을 피우는 것은 생각조차 못할 태도이다. 재정적 이득이나 일의 만족을 위해서가 아니라 하나님께 드리는 예배의 행위로서, 어떤 보상이든 하나님이 주시는 것을 기대한다. 상관과 지배인도 그들의 한계를 알아야 한다. 그들은 고용인을 소유하는 것이 아닐 뿐더러 또한 그들의 생사를 임의로 주관할 권한을 갖고 있지 않다. 이들은 조직체의 이사가 아닌 하나님께 책임을 져야한다는 사실을 인식하고 일터에서의 처신을 바로 해야 한다. 하나님이 노동자보다 관리자를, 실패한 사람보다 성공한 사람을, 저임금을 받는 이보다 부유한 자를 더 좋아하신다는 생각은 감히 상상조차 할 수 없는 오해이다. 하나님의 사랑은 모두에게 정확하고 동일하게 베풀어진다. 따라서 고용주는 고용인을 하나님의 사랑과 은총의 대상으로, 위엄과 존경을 받기에 합당한 자로 대우하여야 한다.

이상은 하나님이 옛 사람으로부터 창조하신 새 인간에게 나타나는 삶의 특성이다. 그것은 그 여정의 목표, 즉 공동체로서의 교회가 그 안에서 개인의 삶과 공동체 전체의 발전을 도모할 때 생활화되는 거룩함의 실제적인 이미지이다.

전도로 돌아가기

자, 이제 우리가 처음에 던졌던 질문인 에베소 교회(그리고 신약 성경의 나머지 교회들)는 왜 전도를 더 자주 언급하지 않는가로 돌아가자.

그 대답으로, 교회의 첫 번째 과제는 교회가 세워진 목적대로 되는 것이며, 외부에서 교회를 들여다보는 모든 사람에게 하나님의 지혜를 드러내 보이는 것이다. 이 새로운 공동체는 구별된 생활방식과 서로 다른 사람들 가운데서 창조되는 조화에 의해 하나님의 다양한 지혜를 실증하도록 부르심을 받은 것이다. 그리스도인은 그러한 삶에 대해 말하기 전에 바로 그 삶을 살아내야 한다. 말에 앞서 실제 행동으로 옮겨야 하는 것이다. 하나님은 한 무리를 다른 무리에게 보내어 그들로 하여금 하나님을 믿도록 설득한 것이 아니라, 전혀 다른 사람들로 구성된 새로운 공동체를 형성하시고 그들에게 성령을 보내서 그들이 연합하여 살아갈 수 있도록 하시고, 그러한 새로운 삶의 양식을 발전시켜 만인이 보게 함으로써 세상을 향한 그분의 뜻을 이룩하는 방법을 선택하셨다.

전도는 이러한 맥락에서 보아야 한다. 비록 전도가 모든 그리스도인의 최우선 순위로 부각되지는 않을지라도, 전도자는 여전히 지역 교회에서 중요한 인물이다. 전도자(바울이 으뜸가는 보기이다)

의 역할은 공동체를 대표하여 하나님의 주권 안으로 들어오라고, 이 새로운 인간의 일부가 되라고, 하나님이 하고 계시는 일에 동참하라고 명확한 말로 초청하는 일이다. 그것이 바울이 복음 때문에 감옥에 갇혔을 때에도 '담대하게 복음의 비밀을 전하도록' 그를 위해 기도해 달라고 부탁한 이유인 것이다. 바울은 지역 교회 내의 개개인이 전도의 은사를 받은 자이기를 기대하며, 에베소에 있는 전도자들도 똑같은 일-사도에게만 이 과제가 맡겨졌다는 의미가 아니다-을 하도록 요구한다(엡 4:11).

혹시 당신의 교회는 전혀 그렇지 않을 수도 있다(나의 교회도 마찬가지이다). 그런데 우리 가운데 역사하시는 하나님의 영의 능력을 과소평가하는 때가 있다. 그러한 우리에게 본회퍼(Dietrich Bonhoeffer)는 다음과 같은 사실을 일깨워준다.

> 하나님만이 우리 교회의 상태, 우리의 경건의 진정한 상태를 아신다. 우리에게는 약하고 사소한 것 같이 보이는 것도 하나님께는 위대하고 영광스러운 것이 될 수 있다… 그리스도인의 형제애는 우리가 실현시켜야 할 이상이 아니라 오히려 우리가 함께 참여하는 그리스도 안에서 하나님에 의해 창조되어지는 실재이다.[3]

우리가 지나치게 열심히 노력하려고 할 때 이 말씀은 무엇인가 유익한 것을 상기시켜준다. 우리에게 평범하게 보이는 것이 다른 사람들에게는 특별한 것으로 보일 수 있다. 그리스도인들이 하나님과 함께 하는 교제 속으로 사람들을 초청하는 일은 아주 간단하다. 철저한 연구를 통해 존 피니는 "대부분의 사람들에게 교회 공동체의 생활은 그리스도인이 되어가는 과정에 꼭 필요한 것이며, 또 4분의 1에 해당하는 사람들에게는 정말 없어서는 안 될 중요한 요소임이 드러났다"[4]고 알려준다. 결과적으로 그는 이렇게 제안한다. "가장 간단하고 가장 효과적인 전도 형태 중 하나란 '다음 주일 나와 함께 교회에 가시지 않겠습니까?' 라고 말하는 것이다."[5]

그는 여기에서 직장, 가족, 유혹 및 재정 문제로 어려움을 겪고 있는 죄인들로 가득 찬 보통의 교회뿐 아니라, 바울이 에베소서에서 묘사한 대로, 사람들을 서서히 새로운 피조물로 변화시키시는 하나님의 역사를 진정으로 느낄 수 있는 교회들에 대해서도 이야기하고 있다. 평범한 교회가 얼마나 매력적인 교회가 될 수 있는가는 놀랄만한 일이다.

에베소에 보낸 편지에서 바울은 대체로 그리스도인들에게 밖에 나가서 전도하는 것을 최우선 순위에 두라고 말하지 않는다. 그 서신의 내용은 서로를 사랑하고, 가족과 직장에서 새롭게 인간관계를 수립하고, 강박관념에서 벗어나서 이 시대의 우상에 대한 건전한 분별력을 가지라는 것이다. 즉 완전히 새로운 생활 양식으로의 변화를 경험하라는 것이다. 여기서는 삶의 변화가 최고의 자리를 차지해야 한다. 그러한 삶이 시작될 때 전도자란 단어나 개인의 신앙 여정이 진실한 것으로 들리게 된다. 왜냐하면 그것은 하나님의 백성 가운데서 경험된 실재이기 때문이다.

참조

1. 에베소서에 나타난 '구별법'의 폐지라는 관념은 논쟁적인 주제로, 예수 그리스도 이후 토라의 위치와 관련해 바울의 이해를 둘러싸고 폭넓게 이루어지고 있는 토론의 한 부분이다. 이러한 주제와 관련해 앤드류 T. 링컨의 〈에베소서〉(Ephesians), Word Biblical Commentary, Dallas, TX: Word, 1990, pp. 139~46에서 도움을 얻을 수 있다.
2. 한 예로 이사야 2:2~4과 미가 4:1~4을 보라.
3. Dietrich Bonhoeffer 〈Life Together〉, London: SCM, 1954, 18.
4. John Finney 〈오늘날 신앙 찾기: 어떻게 일어나는가?〉,(Fidning Faith Today: How Does It Happen), Swindon: BFBS, 1992, 43.

5 Finney 〈오늘날 신앙 찾기〉, 79.

연구 과제

이 연구 과제에는 각 장에 하나씩 10가지의 과제들이 포함된다. 시간이 많지 않은 그룹들(예컨대, 사순절 그룹)은 1장, 3장, 5장, 8장, 10장만 하면 된다. 이 과제를 진행할 때는 그룹원이 해당 장을 미리 읽어오면 최고의 효과를 거둘 수 있을 것이다. 교회가 이 책의 주제에 관한 설교 시리즈와 함께 이 그룹 과제를 연계시키면 좋을 것 같다.

1장 | 열매 맺는 전도와 열매 없는 전도

사도행전 2장 42절에서 47절까지 읽으시오.

본서의 첫 장에서 기독교에 대해 전혀 다른 반응을 보이는 존 다이아몬드와 데릭 드레이퍼라는 두 인물을 소개했다. 약간의 시간을 내어 당신의 신앙 여정에 대해 생각해 보라:

1. 처음에 당신으로 하여금 기독교에 관심을 가지도록 만든 것은 무엇이었는가?
2. 그리스도인이 된 것에 대해 오늘 당신이 가장 기쁘게 생각하는 점은 무엇인가?
3. 누가 당신에게 왜 교회에 다니느냐고 묻는다면 무엇이라고 대답하겠는가?
4. 이제 당신이 알고 있는 사람 중에서 기독교에 대해 전혀 관심이 없는 한 사람에 대해 생각하라. 그가 좋아하는 것은 무엇이고, 당신이 그 사람에 대해 좋아하는 점은 무엇인가? 그는 하나님에 대해, 아니면 교회에 대해 흥미를 느끼지 못하는가? 혹은 둘 다에 무관심한가? 당신은 왜 그가 관심을 두지 않는다고 생각하는가?
5. 그가 사도행전 2장에 나오는 교회에 대해 질문할 때 편안함을 느낄 수 있겠는가? 당신은 안심하며 그를 당신의 교회로 초청할 수 있는가? 그렇게 할 수 있다면, 왜 그런가? 그렇게 하지 못하겠다면 왜 그런가?
6. 어떻게 하면 그가 진정한 관심을 갖게 될 것 같은가?

7. 이 질문으로 토의를 끝마치길 바란다(p. 33). '우리 교회는 찬양, 신앙 정서, 설교를 즐기는 일종의 동호회 같은 성격을 갖고 있는가? 아니면 우리의 교회 생활이나 예배에 외부인으로 하여금 우리가 가진 것을 정말 가지고 싶게 만드는 특별한 어떤 것이 있는가?

2장 | 전도는 꼭 해야 하는 것인가?

로마서 10장 8절에서 15절까지 읽으시오.

1. '전도' 혹은 '전도자'라는 단어를 들을 때 어떤 이미지가 떠오르는가? 그 이미지들은 긍정적인가, 부정적인가?
2. 2장은 우리가 살고 있는 다원주의/포스트모던 시대 상황에 대한 분석으로 시작한다(pp. 40~42). 당신이 관찰한 것과 위에서 토의한 내용으로부터 오늘날 우리의 문화에 대한 설명에 동의하는가? 무엇을 덧붙이길 원하는가?
3. 당신이나 당신의 교회는 하나님 나라에 대해 많이 이야기하는가? 당신은 이 구절에서 무엇을 이해했는가?
4. 교회와 하나님 나라의 예로써 로빈 후드의 이야기(pp. 56~57)에 대한 당신의 생각을 함께 나누어보라. 당신은 그 이야기에서 도움이 되는 점을 발견했는가?

5. 자크 엘룰이 제시한 대로 그리스도인들이 주변의 세상 사람들과 올바른 관계를 수립할 때 가져야 할 태도를 다시 살펴보라(pp.45~53). 당신의 교회는 당신이 '더 광범위한 문화권의 다양한 생활 양식에 비해 어떤 독특하거나 유별난 방식'(p.49)을 개발하는데 도움을 주는가? 당신은 그러한 생활 방식이 어떠한 것인지를 생각해 낼 수 있는가?

3장 | 왕, 하나님 나라, 성경

마태복음 13장 24절에서 35절까지 읽으시오.

1. 상기한 말씀을 보라. 당신은 하나님 나라를 한 두 문장으로 어떻게 묘사할 수 있겠는가?
2. 시간을 내서 '예수님은 주시다'라는 주장이 어떤 의미인지 토의해 보라. 이전에 예수님에 관해 한 번도 들어본 적이 없는 누군가에게 이 선언을 어떻게 설명할 수 있겠는가?
3. '왕들'과 '왕국'은 오늘날 우리가 잘 쓰지 않으며, 때론 계급주의와 권위를 의미하므로 인기 없는 단어들이다. 오늘날 예수님의 주권과 통치라는 아이디어를 전달하는 다른 말이나 개념을 생각할 수 있을까?(예, '주님', '인생 코치', '안내자')

4. '하나님의 왕으로서의 예수님께 대한 충성은… 왕이라고 주장하는 자들의 주권을 거절하는 것을 뜻했다' (p. 90). 당신의 지역 주민이나 당신의 친구들이 예배하려고 하는 우상은 어떤 것들인가?(부? 인기? 성공? 권력? 안락? 명성?) 당신은 어떻게 그 우상들을 거부한다는 의사를 전달할 수 있는가?
5. 하나님이 주관하신다면, 당신의 지역 사회 혹은 직장은 어떻게 될까? 무엇이 달라질까?
6. 당신의 교회는 이러한 것들을 어떻게 실제로 증명할 수 있는가?

4장 | 하나님 나라, 교회. 전도

마가복음 1장 14절에서 20절까지 읽으시오.

1. 이 장의 10가지 논제 중 가장 놀랍고 도전적인 것은 어떤 것이며 그 이유는?

논제 1: 복음은 그리스도의 주권에 그 중심을 둔다.

2. '회개' 와 같은 단어들은 오늘날 많이 사용되지 않는다. 규칙적으로 교회에 가지 않는 자에게 회개가 무슨 의미인가를 어떻게 설명할 수 있겠는가?
3. 당신의 친구들이 '예수님은 주님' 이라는 말을 진리로 실천

하며 살기 원한다면 그들의 평상시 행동 중 어떤 것이 변화돼야 할 필요가 있는가?

논제 3: 예수님께 속한 공동체는 예수님의 정당한 통치를 증거해야 할 과제를 가지고 있다.

4. 79페이지의 성전 그림을 보고 다른 그룹들이 제외된 것을 주목하라.

   당신의 교회를 생각해 보라. 사람들이 일반적으로나 혹은 예배드리는 동안 예컨대, 어린이들, 평신도, 장애우들이 제외되는 영역이 있는가? 그런 처사는 올바른 것인가 혹은 잘못된 것인가?

5. 87페이지에서 90페이지에 걸쳐 하나님 나라의 주요 특징을 다시 살펴보라. 개방성, 차별화, 행동 및 거절이라는 특징이 어떤 방식으로 당신의 지역 교회 공동체의 특징으로 나타나는가? 각각의 주요 특징에 대해 당신의 교회 생활로부터 예를 들어보라.

논제 9: 전도는 홀로 할 수 있는 것이 아니다.

6. 예수님의 복음을 우리의 행동으로 실증하는 것과, 다른 사람들에게 예수님에 관해 이야기하는 것 중 어느 것이 더 중요한가? 당신의 교회는 어디에 강조점을 두는가? 균형을 잘 맞추는가?

7. 자신의 신앙에 대해 이야기할 때 불편함을 느끼게 되는 장

소나 시간이 있는가? 만약 있다면 그렇게 하는 것이 부적절하거나 당신이 불편함을 느끼기 때문은 아닌가?

5장 | 죄책감을 불러일으키는 전도

베드로전서 3장 8절에서 18절까지 읽으시오.

1. '전도를 한다는 생각'은 당신에게 어떤 느낌을 주는가? 예컨대, 죄의식, 흥분, 공포, 지루함, 좌절?
2. 전도에 필요한 자원과 은사가 당신에게 있다고 생각하는가? 그렇다면 그것은 무엇인가? 만약 그렇지 않다면 이 은사와 자원은 무엇이라고 생각하며 누가 그것을 줄 수 있다고 생각하는가?
3. 전도를 지나치게 강조하는 일이 가능할까? 가능하다면, 왜 그렇겠는가? 가능하지 않다면 그 이유는?
4. 베드로전서 3장 15절을 묵상하라. 누군가 당신의 신앙이나 당신이 교회에 다닌다는 사실에 관해 질문한 때를 회상해 보라. 그들로 하여금 그 질문을 하도록 동기를 부여한 것은 무엇이었는가? 당신이 한 말, 혹은 행동 때문이었는가?
5. 오늘날 사람들이 그리스도인들에 대한 그러한 질문을 하지 않는 그럴 법한 이유들을 탐색해 보라.

6. 129쪽에서 135쪽에 걸쳐 다른 사람들로부터 질문을 불러일으키는 그리스도인의 행동의 몇 가지 예들을 제시하였다. 그러한 방법으로 '호기심이 일어나는' 사람들의 다른 예를 알고 있는가? 이러한 것은 역사적인 보기들이거나 혹은 당신이 개인적으로 아는 사람들일 수도 있다.
7. 본 장은 계속하여 실제적인 사랑과 양선과 관대함의 실제적인 행동을 제안한다(136쪽). 잠시 시간을 내서 이번 주말에 하나님의 피조물에 대한 풍성한 사랑을 실증하는 작은 선행을 하기 위한 방법들을 생각해 보라.

6장 | 교회는 다닐 만한 가치가 있는 곳인가?

요한복음 3장 1절에서 15절까지 읽으시오.

1. 신앙은 갑작스런 회심 혹은 점차적인 과정 중 어느 쪽에 해당하는가?
2. 이 장에서는 '중생'과 '변화'(153쪽) 사이의 구별이 이루어진다. 그것이 이 두 개념을 구별하는 데 도움이 되는가? 당신과 당신의 교회는 둘 중 어느 것을 더 많이 강조하는가?
3. 요한복음 3장 1절에서 15절까지를 읽고 '거듭 난다'는 말에 유의하라. 이 말의 이미지는 어떤 부분에 도움이 되며 혹

은 도움이 되지 않는가? '거듭 난다' 란 말은 교회 밖의 사람들에겐 부정적인 의미를 나타낸다. 어떤 다른 말로 예수님이 여기에서 말씀하시는 바를 설명할 수 있겠는가?

4. "신앙이란 '잃어버릴 수 있는' 것이 아니라 신앙을 생활화하지 못할 때가 있을 뿐이다". 이 진술에 동의하는가? 당신에게도 이러한 때가 있었는가? 이런 경험을 한 다른 사람들을 알고 있는가? 왜 그런 경우가 일어났는가?
5. 당신의 교회 공동체는 건강한 상태에 있다고 할 수 있는가?
6. 당신의 교회 생활에서 발견되는 어떤 건강한 특성이 다른 사람들을 그 교회로 초청하여 함께 나누고 싶은 마음을 불러일으키는가?
7. 당신의 삶이나 교회 생활에서 '변화해야 하는' 것은 무엇인가?

7장 | 변화를 일으키는 공동체

골로새서 1장 15절에서 20절까지 읽으시오.

1. 예수님을 그분의 인성 혹은 신성 중 어느 차원에서 생각하기가 더 쉬운가? 그 이유는?
2. 베드로후서 1장 2절에서 9절까지 묵상하라. '우리가 하나

님을 닮으면 닮을수록 우리는 더욱 더 인간다워진다' (181쪽). 정말 그러한가? 어떤 방식으로 하나님을 닮아야 하는가? 그런 방법들이 존재하는가?

3. 이 장은 교회 공동체가 지역 사회의 변화를 위한 의제를 가질 필요가 있다고 제안한다. 당신의 교회가 더 이상 거기에 존재하지 않는다면 지역 사회는 어떤 부분을 아쉬워할까?
4. 어떤 '하나님 나라의 표지' 나 혹은 '그리스도의 통치의 표적' 을 당신의 지역 주민은 가장 잘 보거나 경험할 필요가 있는가? (평안? 소속감? 목적? 소망? 사랑? 기쁨? 용서? 안식?) 한두 가지 주요한 것에 초점을 맞추도록 하라.
5. 갈라디아서 5장 22절과 23절을 염두에 두고, 4번 질문에서 열거한 '하나님 나라의 표지' 를 나타낼 때, 당신이나 당신의 교회가 채택하고 싶은 몸짓, 프로그램 혹은 생활 양식에 대해 생각할 수 있는가?

8장 | 복음 전도적 교회를 어떻게 알 수 있는가?

고린도전서 14장 23절에서 28절까지 읽으시오.

이 연구는 203쪽에 명시된 5가지 관계에 초점을 둔다. 아래의 목록을 사용하여 다섯 가지 중 각 영역의 1에서 10 중 당신의 교회에 해당한다고 여기는 번호에 동그라미를 표시하라.

관계	매우 빈약 매우 양호
하나님과의-경배	1 2 3 4 5 6 7 8 9 10
다른 사람들과의-소속감	1 2 3 4 5 6 7 8 9 10
피조물과의-사랑	1 2 3 4 5 6 7 8 9 10
우리 자신과의-제자도	1 2 3 4 5 6 7 8 9 10
말과의-전도	1 2 3 4 5 6 7 8 9 10

위에서 표시한 응답들을 비교해 보라. 당신의 교회는 어느 영역에서 잘 하고 있는가? 당신의 교회는 어디에서 나쁜 점수를 받았는가? 현재 잘 되지 않는다고 생각하는 영역에서부터 시작해서 시간을 많이 할애하면 점차 강해질 수 있는 영역을 향해 사역해 가라.

1. 경배

교회의 전체 예배 중 어떤 국면이 하나님의 임재와 실재를 가장 많이 느끼도록 도움을 주었는가?

고린도전서 14장 23절에서 26절까지를 보라. 이것이 교회 예배의 매력적인 그림이라는 것을 발견하는가? 그렇다면, 당신의 흥미를 끄는 것은 무엇인가?

당신의 교회에서 어떠한 방법으로 역동적이며 흥미진진한 예배에 대한 기대감을 불러일으킬 수 있겠는가?

2. 소속감

사람들이 관심을 갖고 받아들이거나 혹은 참석하고 기여해야 하는 곳으로 당신의 교회를 묘사하고 싶은가?

당신의 교회 사람들을 머리속에서 그려보라. 교회 공동체는 얼마나 다양한 사람들(예. 연령, 배경, 문화, 민족)이 모이는가? 교회는 지역 사회를 반영하고 있는가? 그렇지 않다면, 그 이유는 무엇이며, 어떻게 하면 이러한 요인이 극복될 수 있는가?

당신의 교회는 더 많은 참여, 상호작용 및 관계 속에서의 성장을 위해 어떻게 도울 수 있을까? 당신은 어느 부분에서 역할을 담당할 수 있겠는가?

3. 사랑

일정한 시간동안 예수님의 기적 중 몇 가지를 회상해 보라. 그 기적들이 어떤 방법으로 피조물의 회복이라는 증거로서 작용 하는가? 당신의 교회는 어떤 방식으로 하나님의 피조물에 대한 사랑을 실증할 것인가? 당신의 지역 사회에서 고침을 필요로 하는 것은 무엇인가? 당신과 교회가 하나님 나라의 표지판을 세우기 위해 어떤 실제적인 응답을 하고 있는가?(218쪽에 몇 가지 보기들이 있다). 상상력이 풍부하며, 실제적이고, 현실적인 반응을 하라.

4. 제자도

구별된 그리스도인의 생활 양식을 발전시키는데 있어 도움을 주고 싶은 당신의 삶의 영역과 다른 사람들의 삶의 영역은 어떤 것들인가?

당신의 교회 혹은 당신의 지역에 있는 교회들은 그러한 도움을 어떻게 제공하는가?(예컨대, 220쪽과 221쪽에 언급된 것과 같은 코스가 도움이 될까? 그것이 가능할까? 당신과 지역 사회의 주요한 문제가 되는 것들을 그 코스는 전달하고 있는가?)

5. 전도

당신의 교회는 구도자들이 그리스도인이 된다는 것의 의미를 탐구하는데 필요한 장소를 공급해 주는가? 그것은 얼마나 효과적이며, 그리고 더 효과적이 되려면 어떻게 할 수 있을까?

당신에게 그리스도인이 된다는 것은 무슨 의미인지를 설명할 수 있는가? '당신 안에 있는 소망에 관한 이유' (벧전 3:15)를 말할 수 있겠는가? 그룹에 있는 사람들이 서로에게 말해 보라.

당신의 교회는 당신이 다른 사람들에게 당신의 신앙을 더 잘 설명하고 변호하는 사람이 되도록 도움을 주는가?

9장 | 복음 전도적인 교회로 인도하기

고린도전서 3장 5절에서 9절까지 읽으시오.

1. 리더십에 관해 생각할 때 정원사 이미지가 얼마나 도움이 되는가? 이 이미지의 장점과 단점은 무엇인가?
2. 당신의 교회의 가정 그룹/연구 그룹의 주된 초점은 무엇인가?(231~235쪽을 보라). 그것은 변화해야 할 필요가 있는가?
3. 이 장에 묘사된 셀 교회 모델에 관심이 있는가? 이 모델의 장점은 무엇인가? 잠재된 문제는 무엇인가? 이와 같이 조직된 교회에서 목사의 역할과 책임은 무엇인가?
4. 당신의 교회에서는 누가 '자연스런' 전도자들인가? 이 사역을 위해 그들을 구별 짓는 특성과 은사는 무엇인가? 이 은사를 사용함에 있어 교회가 그들을 어떻게 후원하는가?
5. 목사, 다른 스태프, 그룹 리더 등을 포함해 당신의 교회 리더십을 어떻게 건설적으로 돕고 개발할 수 있겠는가?

10장 | 신학적 후기

에베소서를 읽으시오(한 번에 읽을 것).

1. 바울은 왜 복음을 '신비' 혹은 '비밀' 한 것으로 표현했다

고 생각하는가?

2. 에베소서 2장 11절에서 22절까지, 그리고 3장 4절에서 6절까지 자세히 보라. '유대인과 이방인의 연합은 종말이 왔으며, 하나님이 마침내 왕이 되셨다는 구약 성경에 기록된 표적 중 하나였다.' 당신의 지역 사회와 더 넓은 세계를 생각하면서 함께 그리스도의 통치 하에서 연합을 이룬다면, 오늘날 어떤 그룹의 사람들이 하나님 나라의 강력한 표시가 되겠는가?
3. 에베소서 1장 9절과 10절을 읽고 "하늘에 있는 것이나 땅에 있는 것이 다 그리스도 안에서 통일되게 하려"는 것이 어떠한 것인지를 구체화하도록 하라.
4. 에베소서 4장 17절에서 6장 9절까지 숙독하라. 교회는 구별된 생활 양식을 누리는 공동체여야 한다. 삶의 네 가지 측면–공동체, 열망, 가족, 일–이 있다. 이 중 하나를 선택하여, 다음 주에 그 영역에서 하나님의 통치를 받는 삶을 실증하기 위한 실제적인 것 한 가지를 이야기해 보라.
5. 여력이 있다면, 본서를 학습한 결과로 당신과 당신의 교회에 야기된 주요 문제들과 도전들을 규명하는데 할애하라.

참조 및 추가도서들

- William J. Abraham 〈The Logic of Evangelism〉, London: Hodder, 1989.(미국적 맥락에서 쓰여진 유용한 전도 신학)
- Robert and Julia Banks 〈The Church Comes Home, Peabody〉, MA: Hendrickson, 1998.(가정 교회에 대한 훌륭한 가이드)
- William A. Beckham 〈The Second Reformation: Reshaping the Church of the Twentieth Century〉, Houston, TX: Touch, 1995.(셀 교회에 대한 핵심적인 책 가운데 하나)
- Walter Brueggemann 〈Biblical Perspectives on Evangelism: Living in a Three-Storied Universe〉, Nashville, TN: Abingdon Press, 1993.(성경적 관점에서 전도에 관해 살펴본 신학적 에세이)
- John Drane 〈Faith in a Changing Culture〉, London: Marshall Pickering, 1997.(포스트모던 시대의 영적 탐구라는 맥락에서 본 교회의 미래에 대한 전망)
- Jacques Ellul 〈The Presence of the Kingdom〉, 2nd ed., Colorado Springs, CO: Helmers & Howard, 1989.(1948년 처음으로 쓰여진, 현대 사회에서 교회의 위치에 대한 선지자적 견해)
- Michael Green (ed.) 〈Church Without Walls〉, Carlisle:

Paternoster, 2002.(셀 교회에 대한 여러 나라의 이야기를 모은 에세이)

- Lesslie Newbigin 〈Foolishness to the Greeks: The Gospel and Western Culture〉, London: SPCK, 1986.(선교적 도전으로서의 서구 문화에 대한 분석)
- Lesslie Newbigin 〈The Gospel in a Pluralist Society〉, London: SPCK, 1989.(복음, 선교, 다원주의, 그리고 다른 신앙체계들에 대한 매력적인 아티클들)
- Phil Potter 〈The Challenge of Cell Church〉, Oxford: Bible Reading Fellowship, 2001.(셀 교회 원칙에 대한 실용적 가이드)
- Graham Tomlin 〈Evangelicalism and Evangelism, in Evangelical Anglicans: Their Role and Influence in the Church Today〉, ed. R. T. France and A. E. McGrath, London: SPCK, 1993, pp. 82~95.(복음화, 영국성공회, 전도의 연관성에 대한 연구)
- Robert Warren 〈Being Human, Being Church〉, London: Marshall Pickering, 1995.(새로운 형태의 교회 생활에 관한 중요하고도 자극적인 책)
- Rick Warren 〈The Purpose Driven Church: Growth without Compromising your Message and Mission〉, Grand Rapids, MI: Zondervan, 1995.(성장하는 교회들에 대한 강력하면서도 실제적인 원칙 제시)

- N. T. Wright 〈Jesus and the Victory of God〉, London: SPCK, 1996.(역사적 맥락 속에서의 그리스도와, 특별히 하나님 나라에 관한 그리스도의 삶과 가르침에 대한 핵심적인 책)